Thomas P.

DER RACHE ENGEL

Thomas P.

DER RACHEENGEL

ICH BIN DER KRONZEUGE GEGEN DIE DEUTSCHEN HELLS ANGELS.
ICH WAR EINER VON IHNEN, JETZT PACKE ICH AUS.

riva

Bibliografische Information der Deutschen Nationalbibliothek:
Die Deutsche Nationalbibliothek verzeichnet diese Publikation in der Deutschen Nationalbibliografie; detaillierte bibliografische Daten sind im Internet über http://d-nb.de abrufbar.

Für Fragen und Anregungen:
Racheengel@rivaverlag.de

2. Auflage 2011
© 2010 by riva Verlag, ein Imprint der FinanzBuch Verlag GmbH, München,
Nymphenburger Straße 86
D-80636 München
Tel.: 089 651285-0
Fax: 089 652096

Alle Rechte, insbesondere das Recht der Vervielfältigung und Verbreitung sowie der Übersetzung, vorbehalten. Kein Teil des Werkes darf in irgendeiner Form (durch Fotokopie, Mikrofilm oder ein anderes Verfahren) ohne schriftliche Genehmigung des Verlages reproduziert oder unter Verwendung elektronischer Systeme gespeichert, verarbeitet, vervielfältigt oder verbreitet werden.

Printed in Germany

ISBN 978-3-86883-090-3

Weitere Infos zum Thema

www.rivaverlag.de
Gern übersenden wir Ihnen unser aktuelles Verlagsprogramm.

*»Um ein tadelloses Mitglied einer Schafherde sein zu können,
muss man vor allem ein Schaf sein.«*

Albert Einstein

Inhalt

1. Der Verratene: Hier und Heute 9
2. Der Hurensohn: Eine Kindheit in Ostfriesland 11
3. Der Soldat: Zwischen allen Fronten 27
4. Der Türsteher: Schlagende Argumente 33
5. Der Gefährte: Als Mann einer Hure 41
6. Der Rocker: Der Beginn einer »Karriere« 51
7. Der Hangaround: Forever Angel, Angel Forever? 69
8. Der Sklave: In den Fängen des Clubs 83
9. Der Verbrecher: Das Ende der Bremer Bandidos 95
10. Der Prospect: Die Ausbeutung geht weiter 107
11. Der Member: Die feige Rache der Bandidos 119
12. Der Aussteiger: Der Feind hört immer mit 139
13. Der Gefangene: Ein unmoralisches Angebot 149
14. Der Kronzeuge: Im Namen des Volkes? 159
15. Der Verräter: Tot oder lebendig 165
16. Die Gefährtin: Ein Nachwort von Melanie W. 169
17. Der Gejagte: Worte des Dankes 175
18. Der Erklärer: Das Glossar 177
19. Bilder und Dokumente 187

1. Der Verratene: Hier und Heute

Mir war nicht bewusst, dass es schusssichere Westen für achtjährige Kinder gibt. Warum auch? Kinder in diesem Alter sollten eigentlich unbeschwert spielen, sich frei bewegen und ungestört herumtoben können. Meine Tochter hat eine solche Weste. Vermutlich ist das schwere Ding nicht eigens für kleine Kinder gemacht worden, sondern wohl eher für zierliche Polizistinnen. Aber sie passt. Und mittlerweile kann das tapfere kleine Mädchen seine Weste sogar selbst überstreifen. Wir haben es ihr gezeigt, und sie hat es geschafft. Weil sie es wollte...

So, wie sie damals auch wollte, dass ich zu ihrem Papa wurde. Als es darum ging, ob ihre Mutter alles hinter sich lassen würde, um mich in eine gefährliche, völlig offene Zukunft zu begleiten. Und als es darum ging, ob diese Frau und ihre Tochter mir in eine lebensbedrohliche Ungewissheit folgen sollten. Um an meiner Seite fortan Tag und Nacht damit rechnen zu müssen, dass irgendwann einfach die Lichter ausgehen würden. Für immer.

Denn der Mann, der dafür verantwortlich ist, dass das kleine Mädchen eine schwere schusssichere Weste tragen muss, ist ein Verräter. Er hat das Gesetz des Schweigens gebrochen und gegen seine Brüder von den Hells Angels ausgesagt. Er trägt die Verantwortung dafür, dass auf sein Leben 500.000 Euro Kopfgeld ausgesetzt sind. Und dass auf das Mädchen und seine Mutter im Zweifel keine Rücksicht genommen werden würde. Ich allein bin dafür verantwortlich, dass dieses Mädchen ein Leben in ständiger Gefahr führen muss.

Dieses kluge Mädchen weiß Dinge, die Kinder in seinem Alter nie wissen sollten. Es weiß, wo es im Haus die Waffen finden kann, die ihre Eltern im Ernstfall benutzen müssten. Das Kind weiß auch, wie und wo es sich verstecken müsste, wenn der Tag X kommen sollte. Und das Kind weiß, dass es nicht einmal seinen eigenen Großeltern sagen darf, wo es wohnt, wie es heute heißt und in welche Schule es geht. Dieses Mädchen ist stark genug, all dies zu ertragen – nur weil es einen Vater haben wollte. Und dieser Vater wird in Zukunft alles dafür tun, damit die Treue und Freundschaft dieses Kindes nie enttäuscht werden.

Ich bin dieser Vater, und ich habe in der Vergangenheit schon zu viele Fehler begangen. Ich bin schuld, dass meine Familie in diesen Strudel geraten ist, aus dem es wohl kaum ein Entrinnen gibt. Ich war ein Hells Angel, und ich habe meine Brüder verraten, weil ich feststellen musste, dass sie nie meine Brüder waren. Und dass sie mich verraten haben. Ich wurde zum Verräter und damit auch zum Freiwild. Ich und meine Angehörigen sind letztendlich zum Abschuss freigegeben, auch wenn wir uns ein neues Leben, eine neue Identität und neue Ziele geschaffen haben. Wir waren Teil einer kranken Welt, die Freiheit und Rockermythen versprach, und sind nun in der Gefangenschaft – auf der Flucht vor einem Motorradclub, der längst keiner mehr ist. Sondern eine Verbrecherbande, die auch vor Morden nicht zurückschreckt. Wir sind auf der Flucht vor den Hells Angels, die sich an mir und meinen Angehörigen rächen wollen...

2. Der Hurensohn: Eine Kindheit in Ostfriesland

1.

Mein Leben war eine stete Suche. Die Suche nach einer Familie, nach Verlässlichkeit, nach Liebe und nach Freundschaft. Das war eigentlich alles, was ich je wollte. Nicht viel, sollte man meinen. Und gleichzeitig das ganze Elend.

Gesucht habe ich immer – damals zum Beispiel, als ich eines Nachts aufwachte und die Dunkelheit und die Stille mich vollkommen verstörten und nicht mehr einschlafen ließen. Also kroch ich aus dem Bett, tastete mich im Licht des Mondscheins, der fahl das Zimmer erleuchtete, hinüber zur Zimmertür. Ich öffnete sie und merkte, dass das ganze Haus von dieser Stille erfüllt war. Einer Stille, die einen umfängt, wenn man spürt, dass da keiner ist. Dass man völlig allein ist.

Nicht, dass ich es nicht gewohnt gewesen wäre. Ich war oft allein, schon als Kleinkind. Aber in jener Nacht konnte ich nicht einfach darüber hinwegschlafen. Ich war vier Jahre alt, und dieses entsetzliche Gefühl des Verlassenseins verstörte mich. Ich tastete mich an den Wänden entlang durch das leere Haus. Küche, Wohnzimmer, das Schlafzimmer meiner Mutter, das Zimmer meines Bruder – nichts. Bad, Diele, auch nichts. Es war keiner da. Ich war alleine, als kleiner Junge, und stand plötzlich vor der Haustüre. Sie knarrte laut, als ich sie öffnete und vorsichtig hinausging. Hinaus in die Morgendämmerung der Stadt.

Aurich in Ostfriesland. Wir lebten damals in der Nähe der Fußgängerzone, in einem zweistöckigen Häuschen, wie sich dort eines an das nächste reiht. Eine gutbürgerliche, beschauliche Kleinstadt, in der unser Haus, oberflächlich betrachtet, nach außen und nach innen einen ordentlichen und unauffälligen Eindruck machte. Bei uns zu Hause war es immer sauber – darin war meine Mutter tatsächlich spießig. Eigentlich gab sie sogar eine gute Hausfrau. Gemessen daran, dass sie eine Alkoholikerin war. Und eine Nutte. Ich war der Sohn einer Hure und wusste nicht, dass andere Mütter weitaus bessere Leben zu bieten hatten ...

Mein fünf Jahre älterer Halbbruder und meine zehn Jahre ältere Halbschwester waren im Grunde nicht besser als meine Mutter. Meine Schwester vögelte sich quer durch Aurich, und mein Bruder fing schon früh damit an, meiner Mutter beim Saufen Gesellschaft zu leisten. Wenn die beiden einmal ausnahmsweise auf mich aufpassen sollten, dann kam es nicht selten vor, dass ich einfach irgendwo stehen gelassen wurde. Und wenn ich Glück hatte, war das in der Nähe unseres Hauses. Oder ich wurde gleich daheim eingeschlossen. Das war die Alternative, vor der ich stand – vor eine Wahl gestellt wurde ich allerdings nie. Mein leiblicher Vater (der nicht der Vater meiner Geschwister war, denn das war irgendein anderer Säufer) kam gelegentlich am Wochenende bei uns vorbei – zum Vögeln oder zum Saufen. Meine Mutter und er waren zusammen, aber irgendwie auch wieder nicht. So klar, wie das bei zwei Alkoholkranken eben geregelt ist. Offiziell wohnte er wieder bei seinen Eltern oder auch nicht. Eine fragwürdige Konstellation, die mein kleiner Kinderkopf damals nicht verstehen konnte.

Ich stolperte also in jener Nacht durch die im Stil der Siebzigerjahre gepflasterte und betonierte Fußgängerzone. Barfuß und im Schlafanzug. Ich wusste nicht, wohin ich gehen sollte. Ich wusste nur, dass ich meine Mutter finden musste. Denn es war tiefste Nacht, und ich fühlte mich irrsinnig einsam und verlassen.

Auf Höhe des Reisebüros, ein paar hundert Meter von unserem Haus entfernt, wurde ich dann glücklicherweise abgefangen. Das Geschäft gehörte den Eltern von Tim, einem meiner wenigen Freunde. Die Leute müssen mich wohl draußen auf der Straße gesehen haben. Sie kannten mich natürlich, wie man sich eben so kennt in einer 40.000-Einwohner-Stadt, und wussten auch, wo sie anrufen mussten. Die Auswahl an entsprechend heruntergekommenen Spelunken in der Auricher Innenstadt war nicht so groß, als dass man nicht hätte erahnen können, wo meine Mutter zu finden war. Im »Störtebeker«

oder im »Alten Fritz«. Dort saß sie dann in qualmiger und abgestandener Luft auf verblichenen Holzstühlen mit fleckigen Polstern im Schummerlicht der eingestaubten 40-Watt-Birne und soff sich mit irgendwelchen Kumpanen den Verstand und die Verantwortung weg. Trank, bis sie ihr Elend nur noch wattiert wahrnehmen musste. Das Elend einer gealterten Hure, die im zunehmenden Maße nicht nur sich selbst, sondern auch ihre Familie zugrunde richtete.

Dieser nächtliche Ausflug und das damit verbundene Gefühl der totalen Einsamkeit sind mir bis heute im Gedächtnis geblieben.

Von Zeit zu Zeit durfte ich auch mal meinen Vater besuchen. Aber nur, wenn er das Taxi bezahlte, denn er wohnte etwa zehn Kilometer außerhalb von Aurich, in Riepe bei meinen Großeltern. Dort hat er mir dann das Fahrradfahren beigebracht. Und das Schießen mit dem Luftgewehr, hinten im Garten, mit alten Tabakdosen als Ziel. Die schepperten immer wunderbar, wenn man sie traf. Eine coole Sache für einen kleinen Jungen wie mich, aber tatsächlich die richtige Beschäftigung für einen Fünf- oder Sechsjährigen?

Mit Sicherheit aber besser, als meine Mutter zur Arbeit in die »Kupferkanne« zu begleiten. Dort saß ich dann auf schmuddeligen Eckbänken im Schummerlicht und durfte zusehen, wie meine Mutter in einem schwarzen Korsett herumlief, sich an fremde Männer mit Mundgeruch und fettigen Haaren hängte, um dann für eine halbe Stunde mit ihnen auf einem Zimmer zu verschwinden. Manchmal immerhin waren diese fremden Männer auch nett zu mir. Einer schenkte mir mal eine Tafel Schokolade, andere drückten mir 50 Pfennig in die Hand – »kauf dir was Schönes, Kleiner«. Das Lachen dieser Männer mündete dann häufig in ein asthmatisches Röcheln und Gurgeln, was ich in dem Alter damals natürlich nicht einordnen konnte.

Jahre später, in der Grundschule, nannten sie mich dann »Hurensohn«. Hurensohn. Was sollte das nur sein, ein Hurensohn? Was wollten die Kinder mir damit sagen? Ich wusste beim besten Willen nicht, was das Wort bedeutete, und habe in der Folge Attacken wie diese immer mit einem entschlossenen »Arschloch« pariert und mir dabei auch noch gedacht, ich hätte gut gekontert. Richtig begriffen hatte ich das Getuschel und Gekichere hinter meinem Rücken erst, als ich zehn oder zwölf Jahre alt war. Und da dämmerte mir dann auch langsam, warum eigentlich kaum einer mit mir spielen durfte. Manche hatten es ja schon immer in ihrer kindlichen Ehrlichkeit gesagt: »Ich darf nicht mit dir spielen, das hat meine Mama verboten. Du bist nämlich ein Hurensohn!« Irgendwann wusste ich dann also, was das zu bedeuten hatte.

Nach meinem nächtlichen Stadtspaziergang wurde ich abgeholt. Wie das kam, weiß ich nicht, aber die Eltern von Tim hatten wohl das Jugendamt informiert. Ich habe geheult und gestrampelt und wollte partout nicht weg. Ich hatte zwar das erbärmlichste Zuhause, das man sich vorstellen kann, aber es war immerhin mein Zuhause. Nun wurde ich plötzlich zu Pflegeeltern gebracht – Verwandten meiner Mutter. Die hatten auch zwei eigene Kinder, aber dort wurde es dann so richtig beschissen. Es ging mir noch schlechter als daheim, was man nicht hätte glauben wollen. Zwar war ich nicht mehr ständig allein, dafür wurde ich aber auch auf dem Dachboden eingesperrt. Und zu essen bekam ich demonstrativ immer etwas Schlechteres als der leibliche Nachwuchs. Dort Fleisch mit Kartoffeln, hier eine dünne Wasserbrühe. Man konnte meiner Mutter vieles nachsagen, aber ich bekam immer etwas Feines zu essen. Entweder hatte sie gekocht oder mir Geld für einen Imbiss gegeben. Meistens war es allerdings das Geld…

Ich musste eine Woche bei dieser Familie bleiben, dann fuhr ich mit meiner Mutter auf eine Kur in den Schwarzwald. Und danach durfte ich wieder nach Hause. Irgendwie.

2.

Nur wenige Wochen später kam ich dann in die Schule. Mit einer bis oben hin gefüllten Schultüte. Ein glückliches Kind, an der Hand einer glücklichen, treusorgenden Mutter – auch hier stimmte die Fassade mal wieder bis ins letzte Detail. Dass sie sich vor der Einschulung – wie jeden Morgen – zum Frühstück einen billigen Weinbrand eingegossen hatte, konnte man dieser kleinen Familienidylle nicht ablesen. Und dass für mich mit dem Eintritt in die Schule meine Probleme erst richtig beginnen würden, auch nicht. Ich war ein sechsjähriger Schuljunge, der sich mehr oder weniger selbst versorgen und

Kapitel 2

auch selbst erziehen musste. Und ich war der Hurensohn. Der Sohn einer armseligen alten Nutte.

In meinem Zuhause gab es niemanden, der mich ins Bett geschickt hätte. Keiner, der darauf achtete, ob ich mir auch die Zähne geputzt hatte. Ob die Hausaufgaben gemacht waren oder ich meinen Schulranzen ordentlich gepackt hatte. Wenn ich meine kleinen Dienste und Pflichten zu verrichten hatte, war meine Mutter bei der »Arbeit«. Es war niemand da, der mich betreuen konnte oder einfach mit mir zum Kinderarzt gegangen wäre, wenn mir mal etwas wehtat. Nichts. Es gab nur einen Menschen, auf den ich mich verlassen konnte und vor allem verlassen musste, und das war ich selbst. Mit einer erstaunlichen Disziplin und einem naturgemäßen Gefühl für mein eigenes Ich sowie einem inneren Drang zu Ordnung und Struktur brachte ich mich irgendwie über die Jahre. So gut es ging.

Natürlich saß ich auch mal bis um zehn vor der Glotze. Es wäre ja auch seltsam gewesen, wenn ein Kind diese Freiheiten nicht genutzt hätte. Aber sobald ich müde war, habe ich mich selbstständig ins Bett verkrochen und mir den Wecker für den kommenden Morgen gestellt. Das musste ich auch, denn meine Mutter hätte mich nie rechtzeitig aus dem Bett holen können. Ich zog mich an – alleine –, wusch mich und machte mir anschließend mein Frühstück. Auch alleine. Danach ging ich meist kurz zu meiner Mutter, die regungslos in ihrem Schlafzimmer lag, um sie zu fragen, ob sie nicht auch was frühstücken oder wenigstens einen Kaffee wollte. Und dann frühstückte ich – alleine.

Manchmal indes stürzte sie nachts stockbesoffen in mein Zimmer und plärrte: »Mein Tommy, du bist doch das liebste Kind.« Sie fragte mich dann meistens lallend, ob ich etwas essen wolle. Nachts um halb zwei oder noch später. Dieser seltsame Anfall von Mutterliebe endete dann stets damit, dass ich sie ausziehen und irgendwie ins Bett verfrachten musste, weil sie selbst dazu ja nicht mehr in der Lage war.

Es war klar, dass in meiner Familie etwas nicht stimmte. Aber wer realisierte das überhaupt? Ich hatte bemerkt, dass andere Kinder besser aufwuchsen und mehr Fürsorge erhielten. Aber ich selbst wusste es nicht besser, weil ich es nicht anders kannte. Und – die ganze Sache hatte schließlich auch Vorteile. So konnte ich meiner Mutter regelmäßig Geld aus dem Portemonnaie ziehen, ohne dass sie etwas davon bemerkt hätte. Wenn ich irgendetwas brauchte, nahm ich mir das Geld und holte es mir. Auch konnte ich den ganzen Tag fernsehen, was ja für ein Kind selbst keine Belastung, sondern ein Zeichen enormer Freiheit war. Und wir waren vergleichsweise wohlhabend, was sich darin zeigte, dass wir frühzeitig große Fernseher, Computerspiele oder moderne Videorecorder zu Hause herumstehen hatten. Die passenden Filme lieh ich mir auch selbst aus. Ohne Altersbeschränkung, versteht sich – dafür hatte meine Mutter gesorgt, die dem Chef der Videothek versichert hatte, dass das Kind sich jeden, wirklich jeden Film ausleihen dürfe. Und so habe ich »Freitag, der 13.« im Alter von zehn Jahren gesehen. Der Hurensohn hatte seinen Klassenkameraden etwas voraus…

Auch Weihnachten war wie im Bilderbuch. Die ersten Stunden zumindest. Das Glöckchen bimmelte, der Christbaum strahlte funkelnd im Wohnzimmer, und an Geschenken war alles da, was ich mir gewünscht hatte. Als jedoch alles ausgepackt war und ich glückselig auf Bergen von Kartons und Papier kauerte, war das Fest auch schon beendet. Dann sind meine Mutter und auch mein Vater – wenn er denn da war – einfach abgehauen, um sich gepflegt christlich volllaufen zu lassen. Ich saß dann als kleiner Junge alleine da in meinem teuren Adidas-Trainingsanzug und ließ mein ferngesteuertes Auto durch die verlassene Wohnung rasen. Totenstille Nacht.

Die wenigen und kurzen Glücksmomente wurden jedes Mal mit einer erbarmungslosen Zuverlässigkeit hemmungslos wieder zerschossen. Das vorherrschende Gefühl meiner Kindheit blieb letztlich die Traurigkeit – und die vollkommene Einsamkeit. Oft ging ich von der Schule direkt in eine der Kneipen, wo meine Mutter schon seit dem Frühschoppen herumgammelte. Ich war für die Säufer dort das Maskottchen, der Pausenclown und Tanzbär – brachte den Schnaps oder drückte die Knöpfe an der Musicbox und bekam dafür immer mal wieder eine Mark für den Flipper, den »Pac Man«- oder den »Donkey Kong«-Videospiel-Automaten. Zu jener Zeit konnte ich das richtig gut, genauso wie ich die Telefonnummern der Kneipen auswendig kannte. Die vom »Störtebeker« hab ich nach dreißig Jahren immer noch im Kopf: 04941-3428. Die Telefonnummer meiner Kindheit, tief eingebrannt und durch nichts mehr zu löschen.

Kapitel 2

So war ich stets ein mittelmäßiger Schüler, mit dem die Lehrer nicht immer zufrieden sein konnten. Aber auch einer, der nicht besonders auffiel. Zumindest nicht als ein Kind, das seine Matheaufgaben in verrauchten Spelunken ausknobeln musste. Ich hatte immer alles erledigt. Irgendwie. Das zumindest war zu jener Zeit mein Ehrgeiz.

3.

Ende September 1985 wurde mein Vater mit einem Notarztwagen ins Krankenhaus in Aurich eingeliefert. Er litt unter schwerer Gelbsucht, weil er jahrelang gesoffen hatte und seine Leber dementsprechend ruiniert war. Er wollte erst gar nicht in die Klinik und hatte sich wochenlang dagegen gesträubt. Als er schließlich schon gelbe Augäpfel hatte, gab es keine andere Lösung mehr. Er wurde eingeliefert. In den folgenden drei Wochen bin ich dann jeden Tag direkt nach der Schule ins Spital gefahren, um ihn zu besuchen. Und da war etwas, was ich bis dahin eigentlich gar nicht kannte: Mein Vater hat sich jedes Mal riesig gefreut, wenn er mich neben seinem Bett stehen sah. Es gab also doch jemanden, dem ich wichtig war.

Eines Morgens dann, es war der 15. Oktober 1985, kam ich um halb sieben zum Frühstück in die Küche, und mir bot sich ein ungewöhnliches Bild. Meine Mutter war schon auf und lehnte müde am Küchenschrank.

»Du brauchst heute nicht nach der Schule ins Krankenhaus, das kannst du dir sparen«, raunzte sie.

»Warum denn?«, fragte ich.

»Die haben heute Nacht angerufen. Dein Vater ist gestorben. So, und jetzt ab in die Schule.«

Sie schob sich von dem Schrank weg, schlappte nach nebenan in ihr Zimmer, legte sich ins Bett und schlief wieder ein. Für mich aber war mit diesem Satz die einzige Struktur, das einzige bisschen familiäre Ordnung, Wärme und Liebe zerstört. Mein Vater, der zwar auch ein Säufer war, gleichzeitig aber auch der einzige Mensch, dem ich etwas zu bedeuten schien, war nun einfach weg. Und würde nie wieder zurückkommen. In mir schien auf einen Schlag alles zusammenzubrechen ...

An diesem Morgen fühlte ich nur einen seltsamen dumpfen Nebel um mich herum. Ich stand allein in der Küche, und es gab niemanden, der mir etwas erklären oder mich einfach nur in die Arme hätte nehmen können. In meiner Verzweiflung ging ich tatsächlich in die Schule – so, wie es mir meine Mutter befohlen hatte. Ich saß wohl schweigend auf meinem Stuhl und starrte abwesend zur Tafel. Oder zur Seite, aus dem Fenster. Jedenfalls nahm ich nichts wahr. Ich hatte auch keinen Gedanken, dem ich nachhing. Da war einfach ein Nichts um mich herum. Plötzlich, es war ganz komisch, fragte mich die Lehrerin irgendwas – ich weiß nicht mehr, um was es ging –, aber die Erwähnung meines Namens, die Frage in meine Richtung weckte mich offenbar aus meiner Trance.

»Mein Vater ist gestorben«, war meine einzige Antwort. Und dann wurde es ganz ruhig in dem Klassenraum.

»Mit so etwas macht man keine Scherze«, antwortete die Frau streng. Ich hab sie dann wohl aschfahl angesehen, und sie schien irgendwie begriffen zu haben, dass ich es ernst meinte.

»Es ist wirklich wahr – mein Vater ist vergangene Nacht gestorben.«

Die fassungslose Lehrerin stürmte mit mir an der Hand aus dem Klassenzimmer, hinauf ins Schulsekretariat und rief von dort aus meine Mutter an. Die bestätigte ihr wohl trocken und ohne Umschweife, dass ich die Wahrheit gesagt hatte. Und zum ersten Mal an diesem Morgen erfuhr ich ein kleines bisschen Wärme. Von meiner Lehrerin, die mich in ihre Arme schloss, mich tröstete und mich dann nach Hause schickte. Was die fürsorgliche Pädagogin nicht ahnen konnte: Zu Hause bei meiner Mutter und meinen Halbgeschwistern war ich ganz und gar nicht gut aufgehoben. Mehr weiß ich heute nicht mehr von diesem Tag. Nur, dass ich überhaupt nicht geweint habe. Keine einzige Träne.

Immerhin hatte ich in jener Zeit eine gute Freundin. Sie hieß Diana, ihren Eltern gehörte ein Reformhaus in der Auricher Fußgängerzone, und sie hatten reichlich Kohle. Um mit ihr zusammenzubleiben, wechselte ich auch auf die integrierte Gesamtschule, denn wichtiger als alles andere war für mich, jemanden an der neuen Schule zu haben, der mich kannte und auch verstand. Tim, der Junge aus dem Reisebüro – mein anderer guter Freund –, ging leider aufs Gymnasium. Von ihm musste ich mich Schritt für Schritt trennen, auch wenn wir in einer Übergangsphase noch regelmäßig Kontakt hielten.

4.

Als ich 13 Jahre alt war, entschloss sich meine Mutter, das Haus auf meinen Bruder und meine Schwester überschreiben zu lassen. Warum, weiß ich bis heute nicht. Ich würde leer ausgehen – natürlich, denn ich war ja das Kind eines anderen, und das Haus hatte zuvor dem Vater meiner Halbgeschwister gehört. Ich war noch zu jung, um dem Ganzen eine Bedeutung beizumessen. Aber ich bekam sehr wohl mit, dass wir schon bald darauf umziehen mussten. Mein Bruder hatte offenbar keine Zeit verloren, unser Haus zu verzocken und zu verjubeln. Er hatte einen hohen Kredit aufgenommen, das Geld verjuxt, und eine Zwangsversteigerung konnte wohl nur ganz knapp abgewendet werden. Wenigstens war noch ein wenig Geld übrig, um eine kleine Dreizimmerwohnung zu kaufen. Eine mit vier Zimmern war zu jener Zeit wohl auch im Angebot, aber die lag offenbar zu weit außerhalb von Aurich, hieß es. Und meine Mutter konnte eines nicht gebrauchen: Abend für Abend sturzbetrunken einen langen Heimweg nehmen zu müssen.

In der neuen Wohnung war nur leider kein Platz für mich. Ein Zimmer gehörte meiner Mutter, das andere meinem Bruder, und mir blieb nur die Couch im Wohnzimmer. Ich war unerwünscht, und jeder ließ es mich spüren. Nichts Neues für meine Kinderseele, aber ohne ein eigenes Zimmer, ohne mein eigenes kleines Reich – das war eine ganz andere, gleichsam kältere Dimension.

Aber natürlich war ich auch in unserem neuen »Zuhause« häufig alleine, konnte nach Belieben Freunde einladen, grenzenlos fernsehen und Computerspiele machen, sodass es irgendwann gar nicht mehr ins Gewicht fiel, dass ich kein eigenes Zimmer hatte.

Meine sogenannte Familie verbrachte schließlich weiterhin einen Großteil ihres Lebens in billigen Kaschemmen oder schäbigen Bordellen.

5.

In dieser Zeit wurde es in unserer Schule plötzlich schick, »links« zu sein, und fast jeder Idiot nähte sich im Laufe der Zeit ein »Gegen Nazis«-Patch auf die Jacke. Grund genug, eine kleine Gegenbewegung zu gründen. Es begann eigentlich ganz harmlos. Irgendwann beschlossen ein paar Jungs aus meiner Schule, dass sie fortan rechts seien. Zu diesem Zweck nahmen sie an Veranstaltungen der Wiking-Jugend teil. Und da gingen Diana und ich dann einfach mal mit – getrieben von einer Mischung aus Neugier und Langeweile und dem aufregenden Gefühl, etwas Anrüchiges zu tun. Und schon bald gehörten auch wir dazu – ohne politisch auf derselben Linie wie unsere braunen Freunde zu sein. Wir waren nicht für die Nazis, als wir uns »Apartheid? Was sonst!«-Patches aufnähten – wir waren vielmehr gegen die linken Konformisten an unserer Schule. Wir waren das eine Prozent, das anders war, und ich auf dem direkten Weg, ein Onepercenter zu werden. Allerdings ohne etwas über die Bedeutung des Wortes zu wissen und ohne etwas zu ahnen...

Die Wiking-Jugend war für mich ein eher formloser Zusammenschluss von jungen Leuten mit Musik, etwas zu trinken und einer Wehrsportgruppe. Gegründet wurde sie offenbar im Jahr 1952 und sah sich als Nachfolgeorganisation der »Hitler-Jugend« und dem »Bund Deutscher Mädel«. Eine rechtsextremistische Kaderschule also, die vor allem labile Jugendliche – wie ich es war – begeistern sollte. Bis zu ihrem Verbot im November 1994 durch das Bundesministerium des Inneren erreichte sie an die 500 Mitglieder. Ich selbst war nur ein einziges Mal auf einem der größeren Treffen auf einem Campingplatz in der Nähe von Soltau. Dort sah man viele Männer in schwarzen Hosen, weißen Hemden, schwarzen Krawatten; die Frauen alle mit züchtigen, übers Knie reichenden Röcken. Dazu kamen ein paar Ältere – siebzigjährige oder achtzigjährige Kriegsveteranen, die sich mit uns jungen Leuten um ein großes Lagerfeuer scharten. Mir war das zu viel Folklore, und ich kam mir vor wie auf einem Heimatfest. Inhaltlich hatte ich mit denen nichts zu tun, aber ihre Aufnäher und Aufkleber sorgten an unserer Schule einfach für Aufruhr...

Kapitel 2

Es war Anfang der Neunzigerjahre, die Zeit der Anschläge auf Asylantenheime, die Zeit der Lichterketten, als alle landauf, landab bekannten, wie links, liberal und wie gut sie doch seien. Ich aber wollte nicht mit diesem Strom schwimmen. Nachdem wir auch die DVU angeschrieben und die uns gratis ihre Aufkleber zugeschickt hatten, ging der Spießrutenlauf erst richtig los. »Ich bin stolz, Deutscher zu sein«, prangte auf meinem Fahrrad. Gekauft hätte ich mir diesen Scheiß nie, aber umsonst? Was soll's? Ich wollte und konnte so ganz einfach ein wenig provozieren – mit ein paar dämlichen Aufklebern, Doc-Martens-Schuhen und einer schwarzen Bomberjacke. Mehr hatte es nicht gebraucht, um in Aurich aufzufallen. Wie ich wirklich dachte, interessierte ohnehin niemanden. Nur der äußere Schein, der zählte!

Natürlich imponierte mir auch meine Freundin Diana. Die war mit einem Skinhead zusammen, der war schon 18, was in unserem Alter fast schon bedeutete, dass er eine Generation weiter und reifer war. Er trug Glatze und Springerstiefel und war eigentlich ganz okay. Er nahm uns mit zu Konzerten, in seinem eigenen Auto, und dort hatten wir dann andere Skins getroffen, die irgendwie auch in Ordnung waren, und schon fühlte ich mich wohl und geborgen. Die Suche nach einer Familie dauerte ja schließlich noch an.

In der Schule indes brachten wir alle gegen uns auf. Wir waren eine Handvoll »Nazis«, alle anderen hassten uns. Ich wurde ständig angepöbelt und mit Eiern beworfen. Manchmal hielten sie mich fest und machten Fotos – mein Fahrrad wurde mitunter mit einem Vorhängeschloss angekettet, sodass erst der Hausmeister mit dem Bolzenschneider ranmusste. Ich weiß nicht mehr, wie oft ich in dieser Zeit gepflegt eine aufs Maul bekommen habe, aber im Grunde konnte sich fast jeder an mir vergreifen, denn ich war aufgrund einer Wachstumsstörung relativ klein – und wegen meiner Haltung gewissermaßen auch Freiwild. Aber je mehr die ganze Sache gegen uns lief, desto mehr ließ ich meine Gesinnung, die ja eigentlich gar keine war, nach außen durchscheinen. Selbst das Reformhaus von Dianas Eltern wurde mit Graffitis »verziert«: »Scheiß Nazis« und »Nazis raus«, in meterhohen Buchstaben, aber das machte uns nur noch überzeugter.

Und natürlich hatten wir irgendwann auch die Lehrer gegen uns. Manche behandelten uns zwar fair, aber dem Großteil der »Pädagogen« konnte man ihren Hass im Unterricht und auch bei den Benotungen deutlich anmerken.

All das sorgte dafür, dass die ersten meiner sogenannten Kumpels schnell wieder absprangen. So cool war es dann offenbar doch nicht, rechts und damit gegen den Rest der Welt zu sein, wenn die Noten nicht mehr stimmten. Für mich war das aber keine Option. Unser Haus wurde mit Eiern beworfen, und die Scheiben wurden eingeschlagen. Sollte ich deshalb aufhören und den Schwanz einziehen? Niemals!

Am Ende waren an meiner Schule nur noch Diana und ich übrig. Allein gegen alle. Diana war verknallt in ihren Skinhead, der zu meinem großen Glück nie mitbekam, dass ich mit ihr zusammen in jener Zeit meine Unschuld verloren hatte. Es war fast unvermeidlich, denn aus meiner Kinderfreundin Diana war eine tolle junge Frau geworden mit blonden Haaren und beachtlichen Brüsten. Es musste wohl einfach so sein, und es war wunderschön...

Für mich kam es schon deswegen nicht infrage, plötzlich auf »links« zu machen, weil man mich wochenlang erniedrigt hatte. Da gab man nicht einfach auf. Das machte man nicht. Wir konnten ja längst nicht mehr in Ruhe durch die Stadt gehen, aber das war der Preis, den wir für Sturheit und Stolz zu zahlen hatten. Mal bekamen wir CS-Gas ins Gesicht gesprüht, ein anderes Mal einfach nur unvermittelt eine aufs Maul. Und mit jedem Angriff wurden Diana und ich bockiger. Die totale Eskalation sollte allerdings erst noch kommen.

Als ich bei einer NDR-Reportage interviewt wurde und der Film geschickt so geschnitten wurde, dass wirklich keine gute Seite mehr von mir zu erkennen war, ging die Geschichte erst richtig los. Obwohl ich mich bis dahin kein einziges Mal geprügelt hatte, stand ich plötzlich wie der letzte Schläger da. Ich war in dem Beitrag zwar halbwegs unkenntlich gemacht worden, aber in einer Stadt wie Aurich nutzte das nichts. Diejenigen, die es wissen wollten, konnten mich identifizieren. Und so bekam ich schon einen Tag später nach der Ausstrahlung Besuch.

6.

Mein Bruder und ich gingen gemeinsam aus dem Haus. Er war damals 21 Jahre alt und wollte zur Fahrschule. Als ich vor unserem Haus nach rechts blickte, sah ich an der Straßenecke fünf Typen stehen – eindeutig von der linken Fraktion. Ich dachte mir zunächst noch gar nichts, schließlich gehörte es mittlerweile zu meinem Leben, dass ich auf jedem Weg, den ich ging, beschimpft und angemacht wurde. Gut, diese Typen hier waren schon etwas älter als die, die mir sonst immer aufgelauert hatten, aber ich war mir eigentlich sicher, dass sie nichts von mir wollten – und ging einfach los.

Als ich etwa hundert Meter weit gegangen war, krachte mir plötzlich ein Baseballschläger auf die Schulter. Und noch bevor ich schauen, reagieren oder etwas realisieren konnte, wurde mir der Schläger mitten ins Gesicht geknallt. Ich ging sofort k.o., und erst einige Momente später, als ich die Augen gerade wieder aufmachte, trat mir ein anderer Typ mit voller Wucht in den Bauch. Und wieder. Immer wieder. Ich sah noch verschwommen meinen Bruder ein paar Meter weg stehen, aber der feige Kerl kam mir nicht zu Hilfe.

Irgendwann hauten die Arschlöcher dann endlich ab, nachdem sie mich mit fünf gegen einen fertiggemacht hatten. Ich lag noch einige Minuten wie ein Haufen Müll auf dem Gehweg, bevor ich langsam wieder aufstehen konnte. Mein Kopf pochte und dröhnte. Alles tat mir weh, ich konnte kaum atmen, und – was für eine Ironie – ich war nicht mehr in der Lage, meinen rechten Arm zu bewegen. Ich brachte ihn einfach nicht mehr hoch.

Ich schleppte mich zurück ins Haus, und als ich in den Spiegel blickte, kam der nächste Schock. Mein Gesicht war vollständig angeschwollen, die Lippe zwischen den Schneidezähnen eingeklemmt, und das Blut strömte sturzbachartig aus meiner Nase und dem Mund. Um ins Krankenhaus zu gelangen, musste ich mir ein Taxi rufen, denn meine Mutter saß zu dieser Zeit schon längst wieder in ihrer Kneipe. Ich war 16 Jahre alt und lag, von Linken verdroschen, allein im Krankenhaus in der Notaufnahme. Meine vorderen Zähne waren locker, das Schlüsselbein zertrümmert und die Wut fast unbändig. Und – mein Bruder hatte mich im Stich gelassen. So, wie er es schon immer getan hatte.

Ich weiß heute noch nicht, woher dieser Hass kam, denn so blöd und idiotisch meine pseudorechte Gesinnung war, so harmlos war ich am Ende doch auch. Ich hatte nie politisch agitiert, hatte niemanden verdroschen und haftete doch quasi stellvertretend für all die rechtsradikalen Auswüchse in Deutschland und sicherlich auch für das, was meine Auricher »Kollegen« in der Zeit so alles anstellten. Wovon ich allerdings nichts wusste, weil ich nie dabei war.

Nach dem Anschlag auf mich wurden noch andere angepöbelt und verprügelt. Und auch ich wurde noch ein weiteres Mal derart vermöbelt, dass ich vier Wochen lang nur Grießbrei durch einen Strohhalm ziehen konnte. Einen anderen hatten sie verkloppt und am Kanal durch die Eisdecke gestoßen. Er konnte sich mit letzter Kraft befreien und kam noch irgendwie nach Hause. Einem Dritten wurden auf dem Schulklo mit einer Rasierklinge die Haare abgeschnitten. Der Junge hat geblutet wie ein Schwein und war mit seinen Nerven völlig am Ende. Das waren zwar alles keine Freunde von mir, aber sie gehörten wie ich dieser undefinierten rechten Szene in Aurich an. Das alles hätte also auch mich treffen können. Die Sache war eskaliert, und wir waren einfach zu wenige, um uns noch weiter wehren zu können.

Für mich war der Punkt erreicht, an dem ich endlich aufgeben wollte. Es ging nicht mehr. Ich sah keine Möglichkeit mehr, weiter in diese Schule zu gehen. Ich lief durch die Stadt mit meinem kaputten Gesicht, den Arm in der Schlinge, und musste den Spott meiner Mitschüler ertragen, die mich aufforderten, ordentlich – also mit Hitlergruß – zu salutieren. In jener Zeit hatte ich mir von meiner Mutter eine Schreckschusspistole ausgeliehen, die ich fortan immer bei mir trug. Mir war mit einem Mal alles gleichgültig, und ich hätte sofort geschossen, wenn mir einer auch nur zu nahe gekommen wäre.

Ich sprach mit der Rektorin meiner Schule und erklärte ihr, weshalb ich ein halbes Jahr vor dem Abschluss die Schule abbrechen wollte. Sie schwieg sehr lange, blickte mich ernst an, und ich erwartete fast schon die obligatorischen hämischen Kommentare zu meiner Gesinnung und dass ich ja ohnehin keine Zukunft hätte. Aber diese Bemerkungen blieben zu meinem großen Erstaunen aus. Die Frau war freundlich und bot mir an, mich vom Unterricht freizustellen. Ich müsse nicht mehr in die Schule kommen, sagte sie, mir aber den Stoff irgendwie selbst beibringen. Und dann solle ich die Tests schreiben. Separiert von den anderen Schülern.

Es war Dezember, kein halbes Jahr mehr bis zu meinem Abschluss. Ich nahm das Angebot an, büffelte brav allein zu Hause, bestand die Tests einigermaßen anständig und hatte meinen Schulabschluss. Mit der Hilfe dieser Lehrerin konnte ich mit 17 Jahren endlich mein eigenes Leben beginnen. Und ich entschloss mich, meine Familie und meine Stadt zu verlassen, um weiter das zu suchen, was ich dort bis dahin nicht hatte finden können.

3. Der Soldat:
Zwischen allen Fronten

1.

Noch während meiner Zeit als Schul-Heimarbeiter bewarb ich mich im Frühjahr 1993 um einen Ausbildungsplatz. Bei einem Teegroßhandel – wie könnte es in Ostfriesland auch anders sein – wollte ich Bürokaufmann lernen. Das Bewerbungsgespräch bestand darin, dass ich Tee kochen musste. Großartig, das konnte ich. Und noch viel besser: Die hätten mich sogar genommen.

Aber ich wollte eigentlich zur Bundeswehr. Zumindest, als ich den Eignungstest bei der Polizei absolviert und bestanden hatte, jedoch noch bis zum 1. Oktober hätte warten müssen. Aber weitere drei Monate herumzusitzen wäre mir zu viel gewesen. Beim Bund konnte ich direkt am 1. Juli loslegen, und weil ich es so furchtbar eilig hatte, von zu Hause wegzukommen, stand ich schon am 30. Juni vor dem Kasernentor und bat um Einlass.

Bei der Heeresfliegerstaffel in Rotenburg an der Wümme haben die nicht schlecht geschaut, weil ich mit meinen 17 Jahren noch immer aussah wie ein Zwölfjähriger. Klein, schmächtig, milchgesichtig und auch noch einen Tag zu früh. So etwas war bis dahin wohl noch nicht vorgekommen. Ich konnte meine Stube beziehen und habe mich sofort daheim gefühlt. Hier gehörte ich hin, das spürte ich ganz deutlich. Aurich und meine Familie lagen weit hinter mir. Ich hatte meine neue Heimat gefunden – das glaubte ich wenigstens.

Nach Aurich zog es mich kaum noch zurück. Einmal fuhr ich dann doch nach Hause, und als ich angekommen war, sah ich vom Weg aus durchs Fenster meine Mutter mit ihrem neuen Lover in der Küche sitzen. Saufend. Ich machte sofort kehrt und fuhr nonstop zurück in die Kaserne. Meine Mutter hatte besonders nach dem Tod meines Vaters nur noch abgestürzte, kaputte Typen mit nach Hause gebracht, und die wollte ich mir ab diesem Zeitpunkt einfach ersparen. Ich erinnere mich noch an eine Szene aus meiner Kindheit, als ich gerade am Küchentisch saß, artig die Hausaufgaben machte und mich ein Macker meiner Mutter wie wahnsinnig anstarrte. Plötzlich fragte er mich – einen damals zehn Jahre alten Jungen: »Soll ich's tun?«

Ich wusste weder mit seiner Frage noch mit seinem schmierigen Grinsen etwas anzufangen, da war es auch schon passiert: Er griff nach seiner Tasse und kippte meiner Mutter ohne jede Vorwarnung einfach kochenden Kaffee in den Ausschnitt. Dann packte er sie an den Haaren und schlug sie mit dem Kopf an das Küchenfenster. Meine Mutter schrie und stöhnte vor Schmerz – aber ich empfand in diesem Moment nicht nur Mitleid. Da waren auch Abscheu und Ekel. Diese Frau und ihre Typen widerten mich an. Pack schlägt sich – Pack verträgt sich, diese bescheuerte, abgedroschene Redewendung war durchaus richtig.

Umso glücklicher machte mich meine Ersatzfamilie Bundeswehr. Jeder Tag war von fünf Uhr morgens bis zehn Uhr am Abend voll und ganz durchstrukturiert. Alles war geplant, und ich brauchte nur noch »ja« oder »jawoll« zu sagen, und die Sache lief rund. Nicht mehr Klein-Tom musste sich um alles kümmern, sondern die Armee tat das für ihn. Die Bundeswehr sagte mir, was ich zu tun hatte, und ich war nach 17 Jahren der Narrenfreiheit endlich irgendwo angekommen, wo man sich um mich kümmern – und wo man mich vielleicht sogar ein wenig erziehen würde.

Gleichwohl musste ich auch Verantwortung übernehmen und lernen, mit Handgranaten, Panzerfaust oder Maschinengewehr umzugehen. Ich war noch immer klein und schmächtig, aber ich war grenzenlos fit, nahm jede körperliche Herausforderung an und schaffte sie auch. Zur Überraschung nicht nur meiner Vorgesetzten.

Ich hatte allerdings zu jener Zeit auch ein paar sehr exklusive Ansichten, die mich im zunehmenden Maße vor immer größer werdende Probleme stellte. Als es an einem Freitag draußen mal über 30 Grad heiß war und die Luft vor Hitze flirrte, hatte der Kommandeur angeordnet, dass wir um zehn Uhr morgens ins Wochenende gehen könnten. Hitzefrei, wie in der Grundschule. Und da bekam ich Zustände! Das war ja wie bei Asterix und Obelix. Was wäre denn gewesen, wenn ein Krieg ausgebrochen wäre? Hätte Deutschland dann gesagt: »Verzeihung, aber es ist heiß, es ist Wochenende, und unsere Soldaten haben hitzefrei bekommen. Kommen Sie doch bitte am Montag wieder.« Unglaublich. Eine Schlampigkeit, die nicht in meinen Kopf passen wollte. Und eine Sache, die ich durchaus offen kritisierte. Was natürlich nicht allen gefallen konnte.

Am 1. Juli 1994 – ein Jahr nach meinem Dienstbeginn – wurde ich schließlich zum Unteroffizier ernannt, als jüngster in Deutschland, mit Urkunde und Unterschrift von Bundespräsident Richard von Weizsäcker. Und danach habe ich mich umgehend in eine Ausbildungseinheit versetzen lassen, denn so viel war klar für mich: Ich wollte ein Ausbilder sein. Die Null-Bock-Mentalität mancher Wehrpflichtiger würde es bei mir nicht geben. Nein, ich wollte denen zeigen, wie der Hase läuft. Bei meinen Jungs würde es sicherlich etwas härter und anstrengender zugehen, aber dafür könnten alle meine Jungs auch immer stolz auf das sein, was sie geleistet haben. Und so wurde ich zum Schleifer...

2.

Ich war zuständig für die Kernausbildung, musste die jungen Rekruten an Handfeuerwaffen einweisen, mit ihnen marschieren und Orientierungsläufe machen. Später dann beantragte ich, nur noch die Grundausbildung durchführen zu dürfen. Den Leuten, die zum Bund kamen, wollte ich von Anfang an zeigen, wo der Hammer hängt. Vor allem aber den Zeitsoldaten, die ich immer härter rangenommen habe. Denn die sollten schon sehr früh lernen, worauf sie sich eingelassen hatten.

Ich sah zu jener Zeit noch immer aus wie ein 15-jähriger Schuljunge. Und doch hatten alle Respekt vor mir. Das lag wohl daran, dass ich alles, was ich einforderte, auch selbst erbrachte. Ich bin die gleichen Wege gegangen, habe dasselbe Gepäck getragen und dieselben Strapazen erlitten wie meine Rekruten. Was ich von ihnen verlangte, konnte ich stets selbst erbringen. Eine Eigenschaft, die bei Bundeswehrausbildern wenig verbreitet war.

Ich war zwar schmächtig und klein, aber auch ausdauernd und zäh. Ich hatte ja schon in der Schule immer viel Sport getrieben, und als Ausbilder lief ich abends immer noch ein paar Extrarunden in der Kaserne. Meine Jungs indes waren mir am Ende ihrer Ausbildungszeit immer recht dankbar. Sie waren fix und fertig, aber glücklich. Weil es ihnen etwas gebracht hatte. Für den Rest ihrer Dienstzeit – und fürs Leben. Und wenn es nur das Wissen war, dass man vieles aushalten kann und die eigenen Grenzen lange nicht so eng gesteckt sind, wie viele das vielleicht geglaubt hatten.

Am 1. Juli 1995 wurde ich zum Stabsunteroffizier befördert. Leider hatten meine Schwierigkeiten da schon längst begonnen.

3.

Es war ein Geländetag. Eine Übung, bei der meine Gruppe das Feindkommando mimte. Normalerweise gingen diese Gruppen mit einer gewissen Null-Bock-Mentalität und exakt nach abgesprochenem Schema oder zumindest sehr berechenbar vor. Aber: Wo gibt es das denn, dachte ich mir. Im Ernstfall konnte man sich doch auch nicht darauf verlassen, dass der Feind genau das macht, was man gerne gehabt und von ihm im Vorfeld auch erwartet hätte.

Es hieß, es seien Fallschirmspringer abgesprungen. Für mich war klar, dass diese Fallschirmspringer natürlich auch hinter der eigenen Linie hätten landen können, und ich bereitete meine Jungs darauf vor, auf einen Angriff von hinten gefasst zu sein. So etwas war bei der Bundeswehr anscheinend nicht vorgesehen. In meiner Vorstellung von optimaler Vorbereitung auf den Ernstfall aber schon.

Ich hatte meine Gruppe also geteilt. Die eine Hälfte sollte als Kanonenfutter und wie vorgesehen übers freie Feld laufen, während ich der anderen Hälfte das sogenannte »einsickern und umgehen« befahl. Das hieß, dass wir weiträumig um das Kampfgebiet herummarschieren und uns von hinten annähern wollten. Was wir dann auch taten.

Als ich mit meiner kleinen Gruppe einmal ums Kampfgebiet herumgeschlichen war, robbten wir uns an die Stellung heran, »glitten heran«, wie das offiziell und im üblichen Jargon hieß, und eröffneten dann einfach »das Feuer«. Ich selbst hatte keine Schusswaffe dabei, aber das etwas martialische Rambo-Messer, das mir meine Jungs einmal geschenkt hatten. Und als sich die jungen Rekruten auch nach mehreren Schüssen mit unseren Platzpatronen nicht umgedreht hatten, sondern wie nasse Säcke in ihren Stellungen lagen, brannte bei mir eine Sicherung durch.

Kapitel 3

Ich brach einen Ast von einem Baum, spitzte ihn an, rannte los, sprang in den Kampfstand, rammte den Pfahl in die Erde, packte einen dieser lebensmüden Lahmärsche und strich ihm mit der stumpfen Seite des Messers an der Kehle entlang. Sanft, aber so druckvoll, dass er den kühlen Stahl mehr als deutlich spürte. Und dann sagte ich leise: »Du bist tot.« Mehr nicht.

Der gemütliche Kollege hatte damit wohl nicht gerechnet, so kurz nach dem Mittagessen. Das war ja auch überhaupt nicht besprochen oder im »Handbuch für idiotische Soldaten« nachzulesen. Der Junge wäre fast kollabiert, zitterte am ganzen Leib und winselte nur noch unverständliche Dinge. Leider habe ich es damit aber nicht gut sein lassen, denn ich war noch immer in Rage. Der Junge hätte meiner Meinung nach einfach mal kapieren müssen, dass man sich so als Soldat nicht verhielt. Und zwar ganz egal, ob es eine Übung oder der Ernstfall war. Ich schrie den jungen Rekruten an: »Knie dich hin« – was er dann auch tat, denn stehen konnte er mit seinen zittrigen Beinen ohnehin nicht mehr. Die Jungs entsicherten ihre Waffen, stellten auf Abzug, während ich dem knienden Soldaten vor mir langsam den Gewehrlauf in den Mund steckte. Und dann spielten wir ein bisschen Hinrichtung ...

Heute weiß ich, dass mir damals alle wichtigen Sicherungen durchgebrannt waren. Aber ich wollte meinen Rekruten einfach zeigen, was alles passieren kann. Ich denke, der Junge hatte es am Ende verstanden und alle anderen, die dabei waren, auch. Aber es war natürlich ein massiver Verstoß gegen alle Bestimmungen der Bundeswehr. Und das hätte mir als Mustersoldaten natürlich auch klar sein müssen. Aber ich hatte bereits genügend Einsätze erlebt und wusste, was Krieg bedeutete. Wer einmal in einem Auslandseinsatz war, reagiert in einer Militärübung vermutlich anders – auch wenn es sich nur um die Lüneburger Heide handelt. Eine Armee ist nun mal kein Kegelverein. Ich konnte es nicht ertragen, wenn Menschen es als selbstverständlich hinnahmen, dass sie noch am Leben waren. Und manche hatten tatsächlich Glück gehabt, dass sie überhaupt noch lebten. Und dass sie noch lebten, war oft allein nur das Verdienst eines anderen.

4.

Die Sache kam natürlich vor Gericht. Glücklicherweise sagten meine Vorgesetzten für mich aus, und gottlob konnten wir ein paar Haupt- und Nebensächlichkeiten etwas abmildern. Der Junge, den ich so in die Mangel genommen hatte, zeigte sich kooperativ, und ich bekam nur die Mindeststrafe: zwei Jahre Beförderungssperre und ein wenig Gehaltsabzug für ein halbes Jahr. Das war's dann aber auch in der Bundeswehr. Am 15. April kam das Urteil, im Anschluss brachte ich noch meine Dienstzeit zu Ende und wurde schließlich Ende 1997 ehrenhaft entlassen. Immerhin. Mehr war nicht mehr drin. Für eine Verlängerung meiner Dienstzeit war dieses Urteil einfach nicht förderlich.

4. Der Türsteher: Schlagende Argumente

1.

Meine Ersatzfamilie, die Bundeswehr, war also Vergangenheit. Ich war wieder auf mich alleine gestellt und fiel in ein gewaltiges Loch. Immerhin hatte ich beim Bund noch eine Ausbildung zum Bürokaufmann gemacht – mit einem Abschluss, der im Zivilleben auch anerkannt wurde. Aber das nutzte mir »draußen« erst mal nichts. Ich hatte gelernt, wie ich im dreckigsten Krieg überleben könnte, aber wie ich das tägliche Leben meistern sollte, davon hatte ich keine Ahnung. Ich hätte mich in Afghanistan zurechtgefunden, aber Aurich war zu jener Zeit eine Nummer zu groß für mich.

Ich meldete mich arbeitslos und beging einen Fehler, den ich als ein Kind mit meiner Vergangenheit einfach nicht hätte begehen dürfen: Ich fing an zu saufen. »Springer Urvater«, ein schöner Weinbrand von der Sorte »Pennerglück«, war fortan mein Hauptgetränk. Und zwar schon am Morgen. Das ging über Wochen hinweg so, und ich resignierte immer mehr.

Zu jener Zeit trennte sich zu allem Überfluss auch noch meine damalige Freundin von mir. Das heißt, sie trennte sich nicht, sie sagte wörtlich: »Ich brauche etwas Zeit zum Nachdenken«, was für mich nichts anderes als Trennung bedeutete. Es war ohnehin keine Beziehung mit Zukunft, aber da ich zu jener Zeit nicht sonderlich stabil war, gab mir ihre Ansage den Rest. Ein guter Freund meinte daraufhin: »So, wir gehen jetzt auf Tour.« Das war nun aber genau das, worauf ich am allerwenigsten Bock hatte. Und so schlappte ich los. Mit Bermudashorts und Turnschuhen – einem Aufzug, in dem man selbst in Ostfriesland nicht in die Disco ging. Wie ein beschissener Penner. Der ich ja damals im Grunde auch war. Zumal sich nach der Trennung von Bund und Frau, mit dem Alkohol und der Sinnlosigkeit meines Lebens irgendwann auch sehr viele Aggressionen angestaut hatten.

DER TÜRSTEHER: SCHLAGENDE ARGUMENTE

Da passte es gut, dass ich in dieser Diskothek natürlich auch gleich meine »nachdenkliche« Freundin entdeckte. Auf dem Schoß eines Typen, sich gegenseitig ableckend und befummelnd. Ich ging zu dem Tisch rüber, war dabei jedoch ganz ruhig, klopfte beschwingt und freundlich, als würde ich ein paar alte Kumpels begrüßen, auf den Tisch und sagte beherrscht: »Ach, das ist also deine Art von Nachdenken?«, drehte mich um und ging wieder. Das war nach außen hin sicherlich ganz cool, aber innerlich war ich natürlich auf Hochtouren, sodass ich mich anschließend zunächst einmal ganz konstruktiv besoff. Der Alkohol allerdings mischte meine melancholisch-aggressive Grundstimmung erst richtig auf.

Das konnte nicht gut gehen.

Später kam mir an der Bar irgendein Typ blöd. Keine Ahnung, wie, aber wenn man so drauf war wie ich an jenem Abend, kommt einem irgendwie immer einer mit etwas krumm. Der musste noch nicht mal komisch schauen oder gar pöbeln, es reichte wirklich die bloße Anwesenheit eines Ahnungslosen, um die Lunte zum Brennen zu bringen. Was ich an jenem Abend aber gar nicht richtig einzuordnen wusste, denn außer meiner Kampfausbildung bei der Bundeswehr hatte ich bis dahin keine einzige Schlägerei mitgemacht. Die Prügel, die ich als jugendlicher Neonazi bezogen hatte, steckte ich schließlich immer wehrlos ein.

Wie auch immer, es gab an einem bestimmten Punkt des Abends eine kleine Schubserei, so gockelhaft und schwul, wie ich es heute sicher nicht mehr zulassen würde. Nichts Schlimmes, doch der Sicherheitsdienst hatte offenbar die Anweisung erhalten, besonders scharf zu reagieren. Und ohne dass ich genau mitbekam, was eigentlich passierte, wurde mir mit einem starken Griff plötzlich der Kopf auf den Tisch geknallt. Meine Brille flog in Richtung Tanzfläche, und aus meiner Nase schoss das Blut wie aus einem Wasserhahn.

Dem Security-Mann, einem Baum von einem Menschen mit imposanter Statur, schwarzer Uniform und schwarzem Barrett und drei Mann Verstärkung hinter sich, war es jedoch noch nicht blutig genug. Als er mir direkt noch eine betonieren wollte, hob ich aber sofort abwehrend meine Hände und rief: »Stopp! Ich will keinen Stress. Ich geh ja schon. Ich bräuchte nur meine Brille.« Ich renkte mir bei der Gelegenheit schnell noch die gebrochene Nase wieder ein und ließ meine Arme fallen. Der Security-Typ indes hatte sich schlagartig wieder beruhigt, und noch während ich auf dem Boden nach meiner Brille suchte, fragte er mich, ob ich am nächsten Tag wiederkommen wolle.

Nach dieser überraschenden Wendung ging ich am folgenden Abend direkt wieder hin. Mit dicker Fresse und blauem Auge. Der Sicherheitsbulle war wieder da und im Gegensatz zum Vortag extrem entspannt.

»Das war super, wie du reagierst hast«, sagte er lachend, »dass du so ruhig warst und sofort deeskaliert hast und später auch nicht zur Polizei gegangen bist. Respekt! Willst du nicht für mich arbeiten?«

Ich stand vor meinem neuen Chef. Es war der Typ, der mich windelweich geklopft hatte und mir nun eine Beschäftigung anbot. Er hieß übrigens Klaus. Natürlich wollte ich diesen Job. Endlich wieder Arbeit. Und auch noch eine, die mir gefiel – in einem Team mit klaren Hierarchien und einem Sinn für Ordnung. Ich sagte ohne zu zögern Ja.

2.

Meinen neuen Job wollte ich gleich richtig aufziehen und begann deshalb um die Jahreswende 1997/98 eine Ausbildung zur Werkschutz-Fachkraft und zum Personenschützer. Fahrtraining, Kampfsport, Schießen. Ich lernte alles rund um den Beruf des Bodyguards. Und das war mehr, als man vermuten möchte. Es ging um Einsatzplanung, Koordinierung, Vorbereitung, Analyse der Schwachstellen in der Sicherheit und die Sicherung von Häusern. Ein Wissen, das mir in meiner heutigen Situation, die durchaus die Begleitung von gut ausgebildeten Personenschützern vertragen könnte, noch immer zugutekommt. Erfreulicherweise wurde mir meine Bundeswehrzeit angerechnet, sodass ich schon nach einem Jahr mein Diplom bekam. Ich war fortan offiziell eine »Werkschutzkraft/IHK«.

Parallel zu meiner Ausbildung arbeitete ich für die Sicherheitsfirma von Klaus. In der Zwischenzeit hatte mein Körper einen finalen Wachstumsschub genommen, und aus dem kleinen Jungen von einst war mit der Zeit ein stattlicher Kerl von rund 1,85 Meter Größe geworden. Einer, dem man ansehen konnte, dass mit ihm nicht unbedingt zu spaßen war…

Die Firma war in Leer stationiert und für ihr eher rustikales Auftreten in der Szene bekannt. Wir trugen schwarze Uniformen, hatten Schlagstöcke am Gürtel, CS-Gas in der Tasche und Bleistaub in den Handschuhen. Es versteht sich von selbst, dass wir nicht gerade gerufen wurden, wenn es um den ordentlichen Ablauf eines Kindergeburtstages ging. Nein, wir wurden zu den Läden geschickt, wo es wirklich krachte und wo Randale an der Tagesordnung war. Einer dieser Schuppen war eine Diskothek in Leer, in der das Publikum zu 85 Prozent aus Russen bestand – der Rest waren Albaner und Libanesen. Der Laden öffnete um neun Uhr abends, und spätestens um halb zehn flogen schon die Fetzen. Eine wunderbare Spielwiese mit Trainingslagercharakter für junge Sicherheitskräfte, wie ich eine war. Zusätzlich war ich auch noch bei Bundesligaspielen von Werder Bremen im Weserstadion regelmäßig im Einsatz und als Personenschützer für Promis wie Mark 'Oh, Marius Müller-Westernhagen oder Marusha tätig.

Mein Schlüsselerlebnis im Umgang mit körperlicher Härte hatte ich jedoch schon an meinem ersten Arbeitstag. Während ich mich in meiner Kindheit und Jugend regelmäßig duldsam vermöbeln ließ, änderte sich meine Leidensfähigkeit zunächst bei der Bundeswehr und später als Bodyguard radikal. An meinem ersten Arbeitstag also war ich in einer Rockerdisco in Norden eingeteilt. Es gab natürlich gleich Stress, und ich bekam weiche Knie, als ein Brocken in Lederweste auf mich zugestampft kam und ganz und gar nicht freundlich schaute. Ich hatte nicht viele Optionen. Allerdings: Weglaufen war keine. Also machte ich kurzen Prozess und drosch ihm mit dem Schlagstock voll eins auf die Zwölf. Nicht besonders hart, aber sehr gezielt. Der Typ sackte mit einem Mal in sich zusammen, zitterte am ganzen Körper und blutete wie ein Schwein.

Gut, der Kerl hatte mich angegriffen oder zumindest doch bedroht, und deshalb fand ich meine Reaktion auch durchaus legitim. Man musste sich nicht erst schlagen lassen, bevor man sich wehrte. All das war mir in diesem Moment klar geworden. Und dann spürte ich ein merkwürdiges Gefühl in mir aufkommen. Wie ich den Typen so daliegen sah, dachte ich eigentlich nur: »Geil, das tut mir gar nicht weh. Das tut nur ihm weh. Und das ist auch besser so.« Mein Leben hatte sich mit diesem einen Schlag total verändert.

Kapitel 4

Alles, was bisher war, zählte nun nicht mehr. Fortan galt für mich nur noch ein Motto:
Erst schlagen, dann fragen. Zumindest in Situationen wie diesen...

3.

Mit meiner neuen Devise fuhr ich bestens. Ich warf mich in Massenschlägereien oder in Messerstechereien, ohne irgendetwas nachzufragen. Erst handeln, dann diskutieren. Erst eins auf die Zwölf und dann erklären, warum dem so war! Eine herrliche Art, Probleme zu lösen, die mir bis dahin leider verschlossen geblieben war und die mir wenig später noch eine Genugtuung der ganz besonderen Art verschaffen sollte.

In Aurich gab es eine Disco in einem Einkaufszentrum, in der auch viele Linke und Autonome verkehrten. Dort machten wir die Tür und sorgten auch drinnen für Ruhe. Und ich erhielt endlich die Gelegenheit, ein wenig Vergangenheitsbewältigung zu betreiben. Nach und nach bekam ich alle vor meinen Schlagstock, die mich als Jugendlicher angepöbelt, verhöhnt und verprügelt hatten. Speziell die vier, die mich vor der Haustür so brutal mit einem Baseballschläger kaputt geschlagen hatten. Alle vier Helden konnte ich in meiner Eigenschaft als Sicherheitsbeauftragter rechtmäßig zusammenschlagen. Großartig. Nur einen nicht, aber der hatte seine Strafe anderweitig bekommen. Er hatte einen Autounfall und saß seit dieser Sache körperlich und geistig behindert in einem Rollstuhl. Die Strafe Gottes trifft eben irgendwann jeden ...

Natürlich konnte es bei unserer Auslegung des Tür- und Sicherheitsdienstes nicht ausbleiben, dass man es auch mal mit der Polizei oder der Justiz zu tun bekam. Gerade nachdem ich einen Anfängerfehler gemacht und den Sicherheitsabstand nicht eingehalten hatte, als wir vier Besoffene aus einer Disco, die sich im Obergeschoss eines Kaufhauses befand, nach draußen zu bringen hatten. Ich war leichtsinnig geworden, weil die vier Männer eigentlich ganz nett wirkten. Das waren auch keine Bubis mehr, die nichts vertrugen, sondern gestandene Kerle um die 30, die uns auf dem Weg nach unten noch brav erzählten, dass sie gerade in Emden bei VW arbeiteten. Ich packte die Kerle in den Lift, während mein Kollege und ich die Treppen runterrannten, um nicht in eine prekäre Situation auf zwei Quadratmetern in einer Fahrstuhlkabine zu geraten. Unten angekommen, brachten wir die Herren noch zur Tür – ohne zu ahnen, was gleich auf uns zukommen würde.

Als ich die Jungs gerade verabschieden wollte, drehte sich einer plötzlich und unvermittelt um und schlug mir mit der Faust mitten ins Gesicht. Ich war überrascht und erschrocken, als ich da am Boden lag, aber vor allem war ich so richtig angepisst. Und in kürzester Zeit brannten mir gepflegt sämtliche Sicherungen durch. Ohne lange nachzudenken, war ich blitzschnell wieder auf den Beinen, Schlagstock raus, und dann ging es auch schon los.

Ich war wie im Rausch, habe zugeschlagen, eingedroschen und zugetreten – immer und immer wieder. Ich konnte nicht mehr aufhören. Der Schlagstock flog mir zwischendurch sogar aus der Hand, und als einer dieser Typen über den am Boden liegenden Schlagstock stieg, war mein erster Gedanke, dass der Vogel sich bestimmt den Stock holen wollte. Ich stürzte mich auf den Typen, trat ihm mit Wucht ins Gesicht und prügelte ihn ohne Rücksicht auf Verluste einfach weg. Erst als mein Kollege mich wegzog und mit dünner Stimme flüsterte: »Es reicht! Es reicht!«, ließ ich ab, und der rasende Furor war abrupt gestoppt. Und erst in diesem Augenblick merkte ich, dass um uns schon eine Riesentraube von Leuten stand. Ich sah ängstliche, fassungslose Gesichter. Ein Krankenwagen kam und einer dieser Kerle wurde mit Schädelbasisbruch abtransportiert. Ich hätte mich am liebsten davongemacht, aber da ich unsere Uniform trug, ging das leider nicht so einfach. Mit ein Grund, weshalb ich später lieber in Zivil arbeitete. Da konnte man pöbelnde Gäste platt hauen und dann einfach gepflegt verschwinden, bevor die Polizei kam.

Drei Schwerverletzte, während ich nur einen Cut an der Lippe hatte? Die Notwehrgeschichte würde kompliziert werden. Die Polizei ging zunächst einmal davon aus, dass ich Schuld an der Sache trug. Nach ewigen Schriftwechseln zwischen unseren Anwälten und der Staatsanwaltschaft wurde ich mit der Anklage auf »gefährliche Körperverletzung« vor einen Richter gestellt – und zum Glück nicht verurteilt. Der Sache mit der Notwehr wurde Glauben geschenkt – in diesem Fall letztlich auch völlig zu Recht –, und ich hatte für mich fortan quasi einen Freifahrschein für meine wachsenden Gewaltphantasien. Die Sachlage in diesem Fall war deutlich: vier Typen mit Pranken so groß wie Klodeckel und zwei Türsteher. Natürlich hatte ich eine Nahkampfausbildung, aber vier

Kapitel 4

betrunkene und randalierende Gäste, die auf die Security losgingen, durften nicht darauf hoffen, vor Gericht als Opfer betrachtet zu werden. Gut für uns, was das Strafrecht anbelangte. Zivilrechtlich allerdings verlor ich diesen Prozess und musste jede einzelne Paracetamol bezahlen, die diese Typen genommen haben. Wenn sie sich von der Kohle nicht neue Alufelgen für ihre beschissenen Golfs gekauft haben.

In zwei Jahren kassierte ich an die 70 Anzeigen wegen Körperverletzung oder gar gefährlicher Körperverletzung. Und immer beruflich. Privat habe ich mich nicht geprügelt, da ich zu jener Zeit auch kaum einmal ausgegangen bin. Anfangs besuchte ich gelegentlich mal eine Kneipe, aber wenn dann irgendwo auch nur ein Glas herunterfiel, wurde ich schon nervös und dachte, ich müsste eingreifen. Wenn ich abends wegging, setzte ich mich immer mit dem Rücken zur Wand – was ich aus ganz anderen Gründen auch heute noch tue, aber dazu kommen wir ja später noch. Ich hatte damals schon immer gerne alles im Blick. Das war wohl die paranoide Haut, die ich nicht mehr ablegen konnte und die mir heute hilft, wenn ich einmal draußen unterwegs bin.

Alle Verfahren wurden eingestellt. Immer. Und in den Begründungen war stets von Notwehr die Rede. Mein Zauberwort. Darauf hatte ich im Lauf der Jahre immer penibel geachtet. Den Notwehrparagrafen kannte ich längst auswendig, und Notwehr war es schon, wenn mich jemand auch nur an der Brust berührte...

Mein Problem war schon zu jener Zeit, dass ich nicht damit umgehen konnte, wenn mich einer nur ein wenig zu lang oder zu provokant anschaute. In solchen Fällen musste ich sofort handeln, sonst hätte ich nachts nicht schlafen können. Wenn ich jemandem die Tür aufhielt und der bedankte sich nicht, hatte ich das früher in mich hineingefressen und konnte tagelang nicht einschlafen. Oder wäre am liebsten sofort zurückgefahren, um den Typen zu stellen. Heute sage ich gleich: »Kannst du nicht Danke sagen, Arschloch?« Und dann ist das Problem entweder erledigt. Oder es gibt ein neues – je nachdem, wie die Reaktion des anderen ausfällt. Aber auch das löse ich sofort. Allerdings bin ich nicht mehr schuld – Notwehr! Denn dann hat ja der andere angefangen. Es mag sein, dass manch einer deswegen schlechter schläft, aber ich schlafe wie ein Murmeltier. Und das ist die Hauptsache.

5. Der Gefährte:
Als Mann einer Hure

1.

Es war einer dieser Abende, den man sich getrost hätte sparen können. Irgendwann, 1997 muss das wohl gewesen sein, hatte ich gerade mit meiner Arbeit für die Sicherheitsfirma begonnen, als mich ein paar Arbeitskollegen nach der Schicht überredeten, mit ihnen ins »Dinis« zu kommen. Das war einer der Läden, die wir bewachten, und es war eigentlich nie gut, seine Abende privat in den Schuppen zu verbringen, in denen man auch arbeitete. Obwohl es den Vorteil hatte, dass man nichts für den Eintritt und schon gar nichts für die Getränke hinlegen musste. Der Nachteil aber war, dass dich jeder Idiot vollquatschte.

Ich saß also gelangweilt in meiner Ecke und beobachtete amüsiert, wie einer meiner Kollegen an einer Frau rumschraubte. Ziemlich erfolglos, wie ich als Außenstehender recht schnell erkennen konnte, und kaum blickte ich wieder von meinem Glas auf, stand die Frau auch schon neben mir: »Kann ich dich auf einen Kaffee einladen?«, sagte sie, und ich dachte nur: Warum eigentlich nicht? Hässlich war sie nicht – wenn auch überhaupt nicht mein Typ. Sie sah aus wie 16 und hatte kaum Oberweite unter der Bluse. Die Haare schulterlang und blond. Oder blond gefärbt. Ich stand ja eigentlich auf den südländischen Typ, aber sie schien nett zu sein. Dachte ich in jenem Moment und sollte mich noch furchtbar täuschen.

Wir plauderten ganz angenehm, und irgendwann fragte ich sie, ob ich ihr zu Hause noch einen Tee machen solle.

»Wir treffen uns in zehn Minuten unten«, sagte sie, und dort fanden wir uns auch wieder. Sie schob ihr Fahrrad mit der rechten Hand, und wir marschierten los. Ich wohnte damals nicht weit von dem Laden weg, und kurz bevor wir bei mir zu Hause angekommen waren, sagte sie unvermittelt:

»Normalerweise nehm ich Geld dafür.« Ich verstand kein Wort. Der Sohn einer Hure hatte nicht kapiert, dass er gerade im Begriff war, eine Nutte abzuschleppen.

Nach der ersten Tasse Tee erzählte sie mir, dass sie für einen Zuhälter aus Osnabrück arbeiten würde. Sie schaffte für den Typen in einer Privatwohnung in Aurich an und musste einmal die Woche runter nach Osnabrück fahren und ihm 1500 Mark abliefern, ganz egal, ob sie die auch tatsächlich verdient hatte. So lief das Geschäft. Der Zuhälter legte fest, wie viel eine Wohnung wert war – und diese Kohle musste gebracht werden. Sonst hätte es geknallt...

Eine Nutte hatte ich bis dahin noch nie gevögelt. Ich war besoffen und geil, und so landeten wir ziemlich schnell im Bett. Am folgenden Morgen bat ich sie umgehend, wieder zu gehen, denn von Huren hatte ich in meinem Leben die Nase eigentlich gestrichen voll. Für mich war das ein passabler One-Night-Stand, mehr nicht. Und mit diesem Gedanken legte ich mich noch mal hin, um ein wenig Schlaf nachzuholen und meinen benebelten Schädel wieder zu reinigen. Aber nur etwa eine Stunde später klingelte es bereits an der Tür.

Es war nicht die Post. Auch kein Nachbar oder gar die Polizei – vor mir stand dieses Mädchen, und im Arm hielt sie einen lebensgroßen Schäferhund aus Porzellan.

»Danke für den schönen Abend«, sagte sie. »Darf ich mal wieder vorbeikommen?«

Sie kam wieder. Wieder und wieder. Und nach zwei Wochen zog sie bei mir ein. Sie war plötzlich da und ging einfach nicht mehr weg.

Für mich war das eigentlich ziemlich bequem. Ich konnte gratis ballern, und wenn mal ein Mahnbescheid oder eine Rechnung auf dem Tisch lag, hat sie die Sachen still und unauffällig bezahlt. Wie bei den Heinzelmännchen: Ich legte die unangenehme Post einfach prominent irgendwo hin – und kurz danach war alles erledigt. Als ich mir irgendwann einen Schäferhund anschaffen wollte, legte sie mir 2000 Mark auf den Tisch, und ich kaufte mir das Tier. Es war wie im Schlaraffenland.

Dann passierte es: Ich verliebte mich in diese Frau. Und plötzlich war mir ihr Job auch nicht mehr gleichgültig. Obwohl sie meine Rechnungen beglich und meinen Luxus bezahlte. Aber welcher Mann findet es auf Dauer toll, neben einer Frau im Bett zu liegen, über die noch kurz zuvor acht andere Typen rübergerutscht sind. Wir kannten uns seit einem halben Jahr, verlobten uns und ich verlangte, dass sie mit dem Nuttenjob aufhören sollte. Als ehemaliger Hurensohn wollte ich nicht auch noch eine Hure zur Freundin haben. Die Entscheidung war gefallen. Es galt also nur noch, ihren Zuhälter davon zu überzeugen.

Für mich war die Sache im Grunde ganz simpel: Sie ging einfach nicht mehr zur Arbeit. Von jetzt auf sofort. Wir wohnten inzwischen nicht mehr in Aurich – meine Eigentumswohnung hatte ich verkauft –, sondern in Wittmund, wo ich von unserem Ersparten und mithilfe der Bank ein Haus mit großem Garten gekauft hatte. Auch um genügend Auslauf für meine mittlerweile zwölf Hunde zu haben. Und nichts passierte. Aus dem Handy, dass ihr der Lude gegeben hatte, um sie Tag und Nacht erreichen und kontrollieren zu können, nahm ich einfach die SIM-Karte und zerschnitt sie in kleine Stücke.

»Der ruft nicht mehr an«, sagte ich und grinste. »So löst man Probleme.«

Meine Freundin indes hatte noch immer Angst und wollte zu ihm nach Osnabrück fahren, um die Sache abschließend zu klären.

Aber zunächst einmal fuhr ich zu der Wohnung, in der sie jahrelang anschaffen musste, und erklärte der anderen Nutte, die wohl auch die Freundin des Zuhälters war, wie die Sache künftig laufen würde.

»Das ist meine Frau«, sagte ich, »und wenn dein Typ irgendwelche Ansprüche hat, dann kann er die getrost vergessen.«

Die Nutte rief ihn wohl an, und wir einigten uns schon kurz darauf, dass meine Freundin im Umkreis von 50 Kilometer rund um Osnabrück nicht mehr arbeiten durfte. Damit konnte ich leben, ganz im Gegensatz zu dem, was er zunächst gefordert hatte: Er hatte eigentlich verlangt, dass meine Alte ganz mit dem Geschäft aufhören müsse. Aber diese Option wollten wir uns natürlich nicht nehmen lassen. Man konnte schließlich nie wissen...

Im Grunde aber lief damals schon nicht mehr viel zwischen uns. Das Geld war immer knapp, und ich ging regelmäßig fremd. Ich bekam zu jener Zeit vielleicht 20 Mark die Stunde und sie ein bisschen Arbeitslosengeld. Das reichte bei unserem Lebenswandel natürlich hinten und vorne nicht. Und da schlug sie dann plötzlich vor, dass sie wieder die Schere machen könne. Mir fiel zunächst die Kinnlade runter, aber ich blieb dennoch cool und sagte schließlich: »Wenn du Nutte sein willst, dann sei Nutte!«

2.

Ich arbeitete weiter an der Tür und ärgerte mich über großmäulige Landeier oder besoffene Typen, die meinten, sie müssten uns Security-Leute behandeln wie den letzten Dreck. So, wie die zwei Kerle, die ich an die frische Luft befördern musste, weil sie sich in dem Laden, in dem ich gerade arbeitete, ein wenig danebenbenommen hatten. Der eine machte derart blöd herum, dass ich ihm noch in dem Schuppen eine übers Maul ziehen musste, während der andere mich mit Schimpfworten anpöbelte. Zunächst wunderte ich mich ein wenig, warum die beiden mit einem Mal überhaupt nichts mehr sagten, sondern geradezu brav, mit weit aufgerissenen Augen, wortlos hinausgingen.

Plötzlich sprach mich ein Kollege an: »Hey, du hast da was in deiner Jacke stecken!«

Ich blickte an mir hinab, und in der Tat – da ragte etwas aus meinem Brustkorb heraus. Ich tastete mich mit der Hand unter der Lederjacke zu der Stelle vor, und als ich sie wieder herauszog, tropfte Blut von meinen Fingern. Es muss das Adrenalin in meinem Körper gewesen sein, das mich in jenem Moment keinen Schmerz spüren ließ. Ich war mit einem Mal wie von Sinnen und wollte mir die Arschlöcher sofort holen. Aber ein Kollege hielt mich zurück. Ich griff noch einmal an die Stelle, packte diesen merkwürdigen Griff und zog ein blutiges Messer aus meiner Brust. Es war wie ein Schock. So etwas kannte ich bislang nur aus Filmen, und da musste ich immer abfällig lachen, weil mir Szenen wie diese immer lächerlich vorkamen.

Meine Kollegen neben mir waren kreidebleich und stammelten etwas von Krankenhaus. Aber ich hatte noch immer keine Schmerzen und wollte einfach weiter meine Arbeit machen. In eine Klinik konnte ich nicht. Da war ich zuletzt, als ich meinen sterbenden Vater besucht hatte.

Als ich ein paar Stunden später zu Hause war, spürte ich plötzlich einen wahnsinnigen Druck im Brustkorb. Ich weckte meine Freundin auf, und die fuhr mich zu unserem Hausarzt, der auf der linken Lungenseite bereits keine

Atemgeräusche mehr hören konnte und mich sofort in ein Krankenhaus einwies. Kaum hatten wir die Eingangshalle betreten, brach ich zusammen, und dann erinnere ich mich erst wieder daran, wie ich auf der Intensivstation aufgewacht bin. Nur zwei Wochen später entließ ich mich auf eigene Verantwortung selbst, weil ich diesen Laden nervlich nicht mehr aushielt, und ruhte mich zu Hause aus. Es dauerte ein halbes Jahr, bis sich meine Lunge wieder erholt hatte und ich ohne Einschränkungen leben konnte.

Nach der quälend langen Zeit zu Hause und den unzähligen Gedanken, die ich mir damals machen konnte, fasste ich einen Entschluss. Ich wollte es noch einmal bei der Bundeswehr versuchen. Nachdem ich mir sämtliche Unterlagen und Informationen eingeholt hatte, bewarb ich mich also erneut beim Bund – als Wiedereinsteller. Wer konnte es schon wissen – vielleicht würde es im zweiten Anlauf klappen. Ich fuhr erneut zum Eignungstest nach Hannover und wurde tatsächlich wieder genommen. Keine Ahnung, ob die meine Unterlagen nicht richtig durchgesehen hatten oder derart Not am Mann war, aber zum 1. September 2000 konnte ich wieder antreten – als Zeitsoldat für fünf Jahre.

Nur eine Woche vor meinem Dienstantritt heirateten meine Freundin und ich – am 22. August 2000. Liebe war dabei längst kein Thema mehr. Es ging um die Steuerklasse, und ich kam durch die Hochzeit auf einfachem Weg an einen neuen Namen: Tom P. Mein Geburtsname war durch die unzähligen Anzeigen zu verbraucht – und ich konnte mich auf diesem Weg noch ein Stück mehr von meiner beschissenen Familie abwenden. Ich hatte gewissermaßen eine neue Identität. Aber es sollte ja nicht die letzte bleiben...

3.

Schon ein Jahr später, am 14. August 2001, wurde mein Sohn Tyson geboren. Der Vorname musste einfach sein, denn ich war ein großer Anhänger von Mike Tyson, dem Boxer. Und nun lag da dieses kleine Männchen in seinem Strampler – der Sohn einer Hure und eines Schlägers –, schaute mich mit großen, erstaunten Augen an und konnte in seinem unschuldigen Köpfchen nicht ahnen, was ihm noch alles bevorstehen würde.

Bei der Bundeswehr lief es nicht mehr so gut wie noch während meiner ersten Dienstzeit. Was wohl daran lag, dass ich sehr schnell ein Autoritätsproblem bekam. Jahrelang hatte ich an der Tür den Halbgott, den Entscheider über »in« oder »out« gemimt, ungezogene Leute verprügelt und den Herrscher gespielt – und nun sollte ich mich plötzlich wieder unterordnen? Einem 20-jährigen Fähnrich, der mich anblaffte, ich solle ihn gefälligst ordentlich grüßen? So einem Typen, der aus den Läden, in denen ich für Ordnung gesorgt hatte, hochkant rausgeflogen wäre? Das konnte nicht gut gehen, zumal ich zu jener Zeit weiterhin nebenbei als Türsteher jobbte. Innerhalb weniger Stunden musste ich vom Volldeppen zum König der Tür wechseln – und wieder zurück. Ein fast unmögliches Rollenspiel.

Mit meiner Gruppe, die ich als Stabsunteroffizier leiten musste und die ich im Gelände auszubilden hatte, lief es dagegen wieder gut. Nach einer kurzen Eingewöhnungszeit hatten sie kapiert, dass ihnen mein Stil zwar etwas hart vorkam, am Ende aber sehr nützlich war. Wir duzten uns alle, und es ging im Grunde sehr kameradschaftlich zu. Als ich dann aber, nichts Böses ahnend, in meiner lockeren Art auf einen Oberleutnant zumarschierte, ihn duzte und sagte: »Hallo, ich bin Tom, der Neue«, kam es zum Eklat. »Stillgestanden«, »Machen Sie Meldung«, dieses ganze dümmliche Hierarchiegehabe von oben – er, der Offizier nach unten – zu mir, dem Unteroffizier prasselte auf mich ein, und das alles vor meinen Leuten. Ich weigerte mich natürlich, seine Befehle zu befolgen, und wurde unverzüglich in sein Büro zitiert.

»Wenn Sie das noch mal machen, Stabsunteroffizier«, brüllte er mich an, »dann gibt's ein Disziplinarverfahren.«

Ich stand vor ihm, sah ihn ganz ruhig an und verzog keine Miene: »Und wenn du das noch einmal machst, schlag ich dich weg.«

Dann drehte ich mich um und ging aus dem Dienstraum, ohne seine weiteren Reaktionen abzuwarten.

Immerhin war ich so umsichtig, dass ich direkt nach diesem Vorfall zum Truppenarzt ging und ihm meine Situation schilderte. Ich erklärte ihm, dass ich ein Problem mit meinem Chef hätte und sofort krankgeschrieben werden müsse, und zwar KZH – was »krank zu Hause« bedeutete. Denn mir war sofort klar: Ich musste dort schnell weg, sonst würde noch ein Unglück geschehen ...

Kapitel 5

Allzu oft schien so ein Fall in der Geschichte der Bundeswehr wohl noch nicht passiert zu sein, denn der Arzt sah mich nur verwirrt und fassungslos an. »So einen Quatsch habe ich ja noch nie gehört«, raunzte er mich an, und dann bescheinigte er mir, dass ich voll dienst- und verwendungsfähig sei. Es dauerte nur zwei Tage, bis ich wieder wegen irgendeiner Kleinigkeit bei dem Oberleutnant vorsprechen musste. Es folgte wieder das gleiche Spiel. Er brüllte mich an, anstatt die Angelegenheit vernünftig mit mir zu besprechen. Und dann hielt ich mich nicht mehr zurück. Ich schubste ihn und gab ihm ganz beiläufig eine kleine Maulschelle. Nichts Schlimmes, nur ein Backpfeifchen. Nur damit er sich künftig daran erinnern würde, was ich ihm zwei Tage zuvor nachdrücklich vorausgesagt hatte: Noch einmal, und es gäbe Kleinholz.

Es kam natürlich sofort zu einem Riesenauflauf, der Oberleutnant schrie um Hilfe, die Wache wurde gerufen, und ich war in kürzester Zeit von einem halben Dutzend Soldaten umstellt.

Ich hatte mich schon wieder ganz gut im Griff und war auch erleichtert, dass die Wache in dem Raum stand, denn letztlich hätte ich damals für nichts mehr garantieren können. So war ich gezwungen, mich wieder zu zügeln und die Sache in Ruhe zu einem Ende zu bringen. Man führte mich ab, brachte mich sofort in eine andere Kaserne zu einem Stabsarzt, der mich – nachdem ich ihm die ganze Vorgeschichte geschildert hatte – umgehend für dienstunfähig erklärte. Ich bekam die Anweisung, mich zur Behandlung ins Bundeswehrkrankenhaus Hamburg-Wandsbek, Abteilung FU-6 »Neurologie und Psychiatrie«, zu begeben. Und das tat ich auch.

Da war ich nun also. In der Klapse. Aber da musste ich wohl auch durch, wenn meine Krankschreibung Bestand haben sollte. Also rückte ich gleich für ein paar Tage ein und nahm sofort an einer Morgenrunde teil, bei der alle Patienten im Kreis saßen. Ich stellte mich vor und sagte mit ruhiger Stimme: »Hallo zusammen, ich heiße Tom, ich bin hier wegen einer aggressiven Verhaltensstörung. Quatscht mich also bitte nicht voll!«

Das schien genau die richtige Begrüßungsformel zu sein, denn fortan hatte ich ein richtig schönes Leben in dem Spital. Niemand sprach mich an, auf dem Flur wurde mir Platz gemacht – viel mehr, als nötig gewesen wäre –, und in der Kantine hatte ich immer einen Tisch für mich alleine. Eine gute Zeit!

Auch die Ärzte ließen mich gewähren. Ich machte brav meine Tests, ohne allzu viel Einblick in mein Privatleben zu gewähren, und erklärte immer wieder, dass ich gerne nach Hause gehen würde. Zu meinem Sohn und zu meiner Frau, die zu jener Zeit krank war. Sie litt unter Essstörungen und Depressionen, und es machte mir zu schaffen, dass sie sich in ihrem Zustand allein um Tyson kümmern musste. Der Bund versuchte daraufhin, mir meine Dienstzeit auf drei Jahre zu verkürzen, womit ich naturgemäß nicht einverstanden war. Ich bot an, alles zu machen. Ich sagte, ich würde sogar Schrauben sortieren oder Munitionshülsen von innen putzen – Hauptsache, ich würde von meinem alten Standort wegkommen.

Also war ich weiterhin dienst- und verwendungsfähig, aber bis zu einer möglichen Versetzung weiterhin krankgeschrieben. Für die Bundeswehrverwaltung schien es fast unmöglich zu sein, bei meiner Vorgeschichte einen neuen Dienstposten für mich zu finden, und so war ich volle zwei Jahre »krank zu Hause«. Bei vollen Bezügen, versteht sich.

2004 empfahl mich ein Kollege bei den Feldjägern in Wilhelmshaven, und darauf hatte ich nun richtig Bock. Ich musste mir die Haare nicht schneiden, bekam eine Knarre, und mit meiner Kampfsportausbildung war ich geradezu prädestiniert dafür, Fahnenflüchtige einzusammeln. Denn diesen Typus von Soldaten konnte ich gar nicht leiden. Einer für alle, alle für einen – und dann stiften gehen, das ging gar nicht.

Und so machte ich ein Praktikum bei den Feldjägern, durfte bei einem meiner ersten Einsätze gleich unseren damaligen Bundeskanzler Gerhard Schröder, der in Wilhelmshaven einen Vortrag hielt, als Personschützer begleiten und war seit langer Zeit wieder richtig glücklich. Es schien fast, als hätte ich einen neuen Traumjob gefunden.

4.

Aber da war ja noch mein Privatleben. Und ausgerechnet als es darum ging, ob ich bei den Feldjägern übernommen werden würde, bekam ich wegen unseres Nebenerwerbs Ärger mit den Behörden. Weil der Hurenjob meiner Frau ganz gut klappte, hatten wir beschlossen, ein kleines Unternehmen daraus zu machen. Durch meine Familiengeschichte war ich ja bestens in der Szene bekannt, und so sprach ich einen Bekannten meiner Mutter an, einen Holländer, der ein paar Läden in der Gegend hatte, und sagte ihm, dass ich eine Frau hätte, die ackern gehe. Daraufhin ließ er meine Frau bei sich arbeiten und versprach mir eine zünftige Provision, sofern ich ihm weiteres Personal besorgen würde.

Und das tat ich auch. Ich ging in Swingerclubs, sprach verschiedene Frauen an und erklärte ihnen, wenn sie sich schon ficken ließen, könnten sie damit auch gleich Geld verdienen. Die Masche funktionierte. Ich bekam zehn Prozent von jeder Frau, die ich dem Holländer brachte, und hatte in kürzester Zeit einen hübschen Nebenverdienst zu meinem Wehrsold.

Irgendwann richtete ich auch in unserem Haus ein »Arbeitszimmer« ein, schaltete ein paar Kleinanzeigen und ließ zwei Frauen bei mir zu Hause anschaffen. Das war zunächst auch kein Problem, doch dann machte ich einen fatalen Fehler. Ich sprach ein Mädel in einer Eisdiele an, die dort gerade ihren 18. Geburtstag feierte, und schlug ihr vor, ein paar Kröten extra zu verdienen. Meine Frau und ich merkten schnell, dass die Kleine ziemlich hart drauf und auch interessiert war. Es folgte ein Dreier zum Kennenlernen bei uns zu Hause, und dann legte die junge Frau auch schon los.

Bis dahin hatte ich noch nie eine Nutte getroffen, die tatsächlich Spaß an ihrer Arbeit hatte, aber dieses Mädchen sprengte alle Dimensionen. Als sie den ersten Kunden hatte, saßen meine Frau und ich draußen vor der Tür und warteten gespannt darauf, was die junge Anfängerin berichten würde. Als der Job beendet war, kam sie lächelnd aus der Tür und sagte nur: »Und wo ist der Nächste?«

Sie hieß Sarah und machte wirklich alles. Leider auch eine Menge Scheiß. Sie tauschte ihre Telefonnummer mit Freiern aus und machte es gelegentlich auch ohne Gummi. Zu allem Überfluss verliebte sie sich irgendwann auch noch in einen Freier, und um den rumzukriegen, erzählte sie ihm, wir hätten sie zu der Arbeit gezwungen. Der Typ erstattete Anzeige, und meine Frau und ich kamen wegen Zuhälterei vor Gericht. Die »Förderung zur Prostitution«, wie es in der Anklage so schön hieß, konnte uns am Ende nicht nachgewiesen werden, und so kamen wir mit einer kleinen Bewährungsstrafe davon.

Dumm war nur, dass ihr Vater Oberstleutnant bei der Luftwaffe war. Meine Karriere bei der Bundeswehr war also beendet. Und zwar vollkommen.

6. Der Rocker:
Der Beginn einer »Karriere«

1.

Nach dem Ende meiner ersten Bundeswehrdienstzeit hatte ich mit 21 Jahren endlich meinen Motorradführerschein gemacht. Ich war mal wieder auf der Suche nach Familie, Zusammenhalt und Gemeinschaft – Dinge, die ich beim Bund leider auch nicht gefunden hatte. In Aurich lernte ich ein paar Jungs eines kleinen Motorradclubs kennen. Und ich war mir sicher, dass ich dort meine lang gehegten Sehnsüchte endlich stillen könnte: Männer, die zusammen Motorrad fahren, zusammen feiern – und auf gewisse Weise auch zusammen stark sind.

Das Gefühl des Zusammenhalts hatte mir enorm gefehlt. »Wir stehen zusammen, wir fallen zusammen« – das war immer mein Ideal einer Gemeinschaft. In dieser Beziehung war ich wie ein kleiner D'Artagnan: alle für einen, einer für alle. So etwas gab es sonst nur in meiner Sicherheitsfirma. Da hatte man zwar privat wenig miteinander zu tun, aber wehe, einer von den Jungs wurde angegriffen. Dann waren sofort die Kollegen da, um ihn im allerbesten Wortsinne wieder rauszuhauen.

Die Familie, in die man hineingeboren wird, kann man sich nicht aussuchen. Aber die Familie, in der man leben will, schon. Ich schloss mich also diesem unbedeutenden Miniclub an, der aus gerade mal acht Mann bestand. Mein erstes Motorrad war eine 800er Intruder. Keine Harley, das war mir schon klar, aber für meine finanziellen Verhältnisse ein cooler Cruiser mit langer Gabel und hohem Lenker. Und ich war immerhin in einem richtigen Motorradclub, was mich zu jener Zeit stark beeindruckte – schließlich fehlten mir jegliche Vergleichsmöglichkeiten. Ich wusste nur so viel: Die sogenannten großen Clubs – seien es nun Gremium MC, die Hells Angels oder die Bandidos – waren, wie ich erst später erfahren konnte, nicht gerade als Motorradclubs bekannt. Diese Jungs dort kann man getrost als Fahrrad- oder PKW-Biker bezeichnen. Denn die Mitglieder bei Gremium oder Rot-Weiß unternahmen zwar viel zusammen, hatten auch viel laufen, aber das Motorradfahren gehörte eher nicht dazu. Ums Biken selbst ging es tatsächlich nur bei meinem allerersten Club. Später dann – bei den »echten« MCs – bin ich vornehmlich Auto gefahren ...

Bei meinem Mini-MC schlossen sich die Member allerdings nur Wochenende für Wochenende die Lichter aus. Für mich war das damals nichts, denn zu jener Zeit rauchte ich nicht, noch trank ich Alkohol. Die Treffen, zu denen wir fuhren, endeten in sinnfreien Schlägereien, was mir nicht passte, denn privat wollte ich mich ja nun wirklich nicht auch noch prügeln. Und so fand diese erste Clubepisode nach ein paar Wochen auch schon ihr Ende.

Es dauerte mehr als vier Jahre, bis mir das Thema »Motorradclub« wieder unterkam. Das muss so im Spätsommer 2001 gewesen sein. Damals war ich noch aktiv bei der Bundeswehr – nicht krankgeschrieben – und gammelte etwas unmotiviert in meinem Dienstzimmer herum. Auf dem Tisch lag ein Exemplar der »Biker News« oder auch »Biker Bravo«, wie das Zentralorgan der Rockerszene gemeinhin genannt wurde. Ich studierte also die Kleinanzeigen der Clubs, die um Member warben, suchte etwas, was bei mir in der Nähe lag – und stieß auf eine Annonce des Gremium MC, Chapter Jever. Davon hatte ich bis zu diesem Tag noch nie etwas gehört.

Was reichlich naiv erscheinen mag, schließlich handelte es sich bei dem »Gremium Motorcycle Club«, der 1972 in Mannheim gegründet wurde, um einen der größten Motorradclubs in Europa. Mittlerweile gibt es über 100 Chapter, und die sind im ganzen Bundesgebiet verteilt – dazu noch in Polen, Italien, Slowenien, Bosnien, Österreich, Spanien und inzwischen sogar in Caracas/Venezuela und Pattaya/Thailand. Der Gremium MC ist außerdem der letzte deutsche Motorradclub, der noch eigenständig agiert und nicht in einem der großen weltweit arbeitenden Clubs wie den Hells Angels oder den Bandidos aufgegangen ist.

Bis zum Ende der 90er-Jahre war der Gremium MC vor allem im südwestdeutschen Raum, also rund um die Gründungsstadt Mannheim, aktiv, und erst danach begann die Verbreitung im Bundesgebiet. Wie in jener Zeit eben alle großen Clubs aggressiv expandierten. Was jedoch in der Regel durch eine eher unfreundliche Übernahme kleinerer Clubs geschah.

Bei Gremium spielt die Zahl »7« eine große Rolle. Das »G« ist der siebte Buchstabe im Alphabet, und das Wort Gremium besteht aus sieben Buchstaben. Es gibt den Siebenerrat, der aus den Chefs der sieben wichtigsten Chapter besteht – Mannheim, Karlsruhe, Konstanz, Ludwigsburg, Köln, München, Pforzheim – und in dem auch alle wichtigen Entscheidungen gefällt werden.

2.

Es muss gegen Ende Oktober oder Anfang November 2001 gewesen sein, als ich zum ersten Mal mit der Szene in Berührung kam. Es gab einen offenen Abend im Clubhaus des Chapter Jever, also durfte jeder, der mochte, in den Laden gehen und sich ein wenig umschauen. Wie der Besuch einer Kneipe. Man stand blöd herum, trank etwas, schaute sich die Leute an und kam mit dem einen oder anderen ins Gespräch.

Weil ich schon vor dem Besuch des offenen Abends Erkundigungen eingeholt hatte, nahm ich meine Frau mit. Der Club legt Wert darauf, dass die Frauen der Member mit der Leidenschaft ihrer Männer einverstanden sind. Eine nette Idee im Grunde, denn ohne die Unterstützung und das Verständnis der Partnerinnen sind Mitgliedschaften bei Motorradclubs in der Regel mit viel Ärger verbunden.

Ich hielt also den kleinen Tyson auf dem Arm, der noch keine drei Monate alt war. Vom Biken und von der ganzen Szene hatte ich überhaupt keine Ahnung. Alles, was ich zu bieten hatte, war mein Charakter. Und meine Sehnsucht nach einer starken Gemeinschaft.

Das Clubhaus lag etwas außerhalb von Jever, in Addernhausen, in einem frei stehenden zweistöckigen Haus, das weiß getüncht war und schwarze Ziegel hatte. Alles wirkte sehr gediegen. Im Inneren des Clubhauses tummelten sich vielleicht 80 Leute – die meisten waren Member, trugen also das Colour des Clubs, den schwarz-weißen Aufnäher mit der Faust, die durch Wolken stößt, auf ihren Lederwesten. Das Patch – so viel wusste ich immerhin – war das Erkennungsmerkmal eines jeden Motorradclubs, gleichsam das Heiligtum. Ein

Member, das etwas auf sich hielt, hätte sein Patch niemals abgelegt, dachte ich eine ganze Zeit lang. Während meiner Zeit als Türsteher hatte ich es allerdings oft erlebt, wie Member verschiedener kleiner und großer Clubs das anstandslos taten, nur um in einen verkackten Laden reinzukommen. Aber das ist eine ganz andere Geschichte...

Der Abend verlief sehr angenehm. Ein paar Typen schauten mich zwar komisch an, aber so war das eben: Nicht jeder konnte auf Anhieb etwas mit einem Fremden anfangen, und solange mich die Jungs in Ruhe ließen, war alles gut. Die meisten waren jedoch wirklich sehr nett, wobei unser Sohn auf meinem Arm tatsächlich hilfreich war. Den kleinen Scheißer fanden alle auf Anhieb großartig, und ich beschloss nach zwei oder drei weiteren Besuchen von offenen Abenden, dass ich Gremium beitreten wollte. Ich musste also eine Ansage machen: mich wie bei DSDS vor eine Jury stellen und den Dieter Bohlen der Veranstaltung – in der Regel war das der Präsident – davon überzeugen, dass ich das perfekte Neumitglied wäre.

An dem Abend, an dem es für mich so weit sein sollte, war ich auch entsprechend nervös. Ich zog mir drei Desperados rein, wurde nach ätzend langen Minuten in den Raum nebenan gebeten, und dort saßen sie alle brav am Tisch. Irgendwie wirkte es doch wie ein Kleingartenverein, mit den sauberen Tischdeckchen und den nach Größe geordneten Getränkeflaschen. Nur die Optik der Herren war etwas anders: Männer mit mächtigen Muskeln und noch ausladenderen Bäuchen, riesigen Tattoos und grimmigen Mienen.

»Hallo, ich bin der Tom, bin bei der Wehrmacht und möchte gerne bei euch mitmachen. Ich hab ja schon den Uli, den Frank und Stefan kennengelernt und finde die ganz in Ordnung.«

Das war meine Ansage. Danach erzählte ich noch ein paar Oberflächlichkeiten zu meiner Einstellung zum Biken, was ich bis dahin so alles getan und erlebt hatte in meinem Leben und dass ich hundertprozentig zu meinen Freunden stehen und diese notfalls mit schlagkräftigen Argumenten auch verteidigen würde. Das alles schien den Herren doch ganz gut zu gefallen.

Ich wurde rausgeschickt, und nach ein paar Minuten verkündete mir der Präsi feierlich, dass ich aufgenommen sei. Allerdings, wie jeder Anfänger, zunächst als sogenannter Supporter, der untersten Stufe der Hierarchie auf dem langen Weg zum Member.

Als Supporter war man eigentlich gar nichts. Man trug nicht einmal die Clubinsignien, sondern nur ein albernes T-Shirt, auf dem »Supporter« stand. Ein Teil, das paradoxerweise auch jeder Idiot im Fachhandel kaufen konnte. Aber gut, ich war angenommen, durfte mein Supporter-Shirt tragen und war erst einmal zufrieden. Allerdings fragte ich mich damals schon, ob man sich einen gewissen Respekt allein damit verschaffen konnte, dass man ein Patch trug. Eine Einstellung, die in der Folgezeit immer wieder zu Verwicklungen führte, die ich dann leider mit meinen Fäusten ordnen musste.

In Fällen wie diesen wurde ich immer zum Rapport beim freitäglichen Meeting der Member im Clubhaus bestellt. Hinter verschlossenen Türen, am Rande des offenen Abends, bekam ich die gelbe Karte gezeigt – meist mit der Begründung, dass man die Leute, die ich da vermöbelt hatte, teilweise schon seit 20 Jahren kenne und dass sich so ein Verhalten nicht gehöre. Und das war's dann auch in der Regel.

3.

Als Supporter war man eine Art Leibeigener des Clubs und musste die meiste Zeit nur Tresendienste schieben. Dabei bekam ich allerdings so einiges mit, denn gegenüber dem Barmann waren die meisten Member offen und die Tresengespräche mitunter nicht zu verachten. Ich hörte mir alles aufmerksam an und kam irgendwann zu dem Schluss, dass im Chapter Jever sehr viel über andere gelästert und hergezogen wurde. Es war die reine Cliquenwirtschaft und nicht leicht zu durchschauen, wer mit wem konnte und wer nicht. Ich war jeden Freitag so zwischen sechs und sieben Uhr abends im Clubhaus, weil ich am Tresen immer noch einiges vorbereiten musste. Und um acht begann meistens der Clubabend, bei dem sich die Member zunächst einmal in ihr Sitzungszimmer zurückzogen. Solange ich noch kein Member war, war das für mich eine absolute Tabuzone. Es ging nur hin und wieder die Tür auf, und ich durfte für die Herren wieder eine Runde Getränke vorbereiten, aber niemals reinbringen. Damit konnte ich ganz gut leben, aber ich wollte irgendwann auch in diesen gottverdammten Member-Raum.

Alles wirkte sehr geheimnisvoll, was mich natürlich neugierig machte. Später sollte ich erfahren, dass es dort hinter den verschlossenen Türen äußerst spießig zuging. Ein langer Tisch, am Kopfende saßen die Leute, die was zu sagen hatten – also der »Präsi« als oberster Chef des Ganzen, sein Stellvertreter, der »Vize«, und der »Security Chief«, so etwas wie die Exekutive oder die Polizei im Ministaat MC. Der Rest saß brav auf einem Stuhl, der gerade frei war. Derart piefig hatte ich mir das in einem gewaltbereiten Motorradclub nicht vorgestellt. Ich dachte eigentlich immer, dass alles etwas schärfer strukturiert wäre. Und auch eine Prise cooler oder wilder...

Was tatsächlich in den abgeschotteten Räumen besprochen wurde – das konnte ich ja nun später selbst miterleben –, war an Belanglosigkeit kaum zu übertreffen. Es wurde berichtet, ob jemand vom Motorrad gefallen war oder welche Partys gerade anstanden. Mal ging es um Detailplanungen zum nächsten Osterfeuer, in der Regel jedoch nur um Termine. Da Gremium MC der größte Motorradclub Europas war, fand an jedem Wochenende irgendwo eine Party statt – und als Chapter schickte man dann auch seine Abordnungen hin.

Natürlich reiste man meistens mit dem Auto zu solchen Veranstaltungen – es sei denn, die Party war in der Nähe und das Wetter gut. Man fuhr also da hin, um nach kürzester Zeit festzustellen, dass absolut nichts los war. Die coolen Rocker saßen allesamt da, als hätten sie einen Stock im Arsch stecken, und waren nur darauf bedacht, auch nachts um zwei noch ihre Sonnenbrille lässig zu tragen. Vom freien Rockerleben keine Spur. Und schon gar nicht vom Biken. In meiner ganzen Zeit bei Gremium saß ich weniger auf meinem Motorrad als je zuvor. Und damals war ich ja zum Teil noch alleine unterwegs. Ganz ohne Brüder...

Nach einem halben Jahr als Supporter wurde ich dann Hangaround, was immerhin schon mal einen Schritt auf der Hierarchieleiter bedeutete. Angekommen war man zwar noch lange nicht, aber weitere drei Monate später stieg ich schon zum Prospect auf, und das war die letzte Hürde, die ich vor der eigentlichen Mitgliedschaft noch nehmen musste. Und die wurde mir schließlich nach insgesamt etwa einem Jahr »Lehrzeit« endlich gewährt. Manche Jungs schafften das auch mal schneller – das entschieden die Herren ganz nach Gutdünken. Diejenigen, die es in weniger Zeit zum Member brachten, hatten aber in der Regel eine braune Zunge – wenn ihr wisst, was ich damit meine.

Kapitel 6

So war ich also im August 2002 Member des Gremium MC geworden. Ich durfte nun an allen Veranstaltungen, vor allem der Mitgliederversammlung während des Clubabends, teilnehmen, durfte das Colour tragen und meinerseits Supporter und Prospects herumkommandieren. Was ich nicht tat!

Archaischer ging es kaum noch. Das Ganze erinnerte mich im Grunde an eine Sekte. Alles war geordnet. Das strikte Aufstiegssystem basierte auf einem Belohnungsprinzip für Wohlverhalten. Oder Speichelleckerei. Von Individualität, Freiheit und Abenteuer keine Spur.

Noch während meiner Anwärterzeit wollten einige der Jungs, die ich ganz gut leiden konnte, ihr eigenes Chapter aufmachen. Das Chapter Oldenburg. Die Aktion hatte weniger etwas mit Regionalbezug zu tun, sondern vielmehr damit, dass man mit der Linie des Jever Chapters nicht mehr klarkam und man sich eine Gegend aussuchte, in der der Club bis dahin noch nicht vertreten war. Und Jever war seinerzeit ein ziemlicher Sauhaufen...

An einem Freitag kam Uwe, ein Hangaround, im Clubhaus verstört auf mich zu und stammelte: »Was soll ich denn bloß machen, Scheiße, was soll ich denn machen?«

»Wovon sprichst du, was ist denn los?«, fragte ich ihn.

»Na, ich hab meine Freundin heute zum Clubabend mitgebracht, und als ich gerade hinters Haus schaue, vögelt die Alte dort mit einem Member.«

»Scheiße, Mann, da gibt's nur eines: Hau ihm eins in die Fresse.«

Der Junge schien kurz nachzudenken. Und dann kam seine erschütternde Antwort:

»Ja, aber dann flieg ich doch aus dem Club. Das ist immerhin ein Member!«

Das Wort »Member« betonte der armselige Bursche wie »Generaldirektor« oder »Gott«. Uwe war natürlich ernsthaft darüber besorgt, und er hatte zu Recht Angst, dass er rausfliegen könnte, wenn er einem Member eine betonierte. Aber schaute man aus diesem Grund lieber zu, wie der Typ die eigene Alte durchnahm? Undenkbar für mich. Ich hätte den Vogel vermöbelt, bis er nicht mehr »Gremium« hätte sagen können. Und dann hätte ich die Alte abgeschossen.

Ich war fassungslos: einerseits dieses Duckmäusertum aus Angst vor Konsequenzen, andererseits das Benehmen eines Members, der einfach die Freundin eines »Rangniederen« fickte. Wie bei den Gorillas. Aber so war das, besonders wenn Alkohol im Spiel war. Und das war eigentlich immer der Fall.

Was das alles mit Motorradfahren zu tun hat? Na, nichts natürlich!

4.

Ich war immer noch auf der Suche nach Freunden, die ein bisschen etwas taugten. Nach Leuten, auf die ich mich zu hundert Prozent hätte verlassen können. Diese Suche zog sich ja nun durch mein Leben wie ein roter Faden. Bei der Bundeswehr hatte ich sie nicht gefunden und bei Gremium MC Chapter Jever offenkundig auch nicht. Ich stellte also einen Transferantrag, um Member im aufblühenden Chapter Oldenburg werden zu können. Aber der Antrag wurde abgelehnt. Mit der Begründung, dass, wenn das durchginge, nur noch ein Viertel von ursprünglich 70 Jever-Mitgliedern übrig seien. Schon vorher hatte es einige Abweichler gegeben, die das Chapter Cloppenburg aufgemacht hatten. In Jever wollte man nun den Laden zusammenhalten, und ich musste das eben so hinnehmen.

Die Oldenburger zogen ihr Ding trotzdem durch. Und das war auch der Grund, warum die Jungs mir gefielen. Die waren einfach geradeheraus, und was sie sich in den Kopf gesetzt hatten, das machten sie auch.

Und Jever reagierte.

Bei neuen Chaptern lief es wie bei neuen Mitgliedern. Die fingen zunächst als Support-Chapter an, wurden dann Prospect-Chapter, bis am Ende der tolle Titel des Vollchapters wartete. Aber diese Evolution konnte dauern. Etwas schneller ging es, wenn Member wechselten und ihr eigenes Chapter aufmachten – wie in Oldenburg. In diesem Fall startete Oldenburg auch sofort als Vollchapter und genoss somit auch den vollen Schutz des gesamten Gremium MC, während Prospect Chapter erst einmal eine ganze Zeit lang alleine klarkommen mussten, wenn sie beispielsweise angegriffen wurden.

Und dennoch war Oldenburg wohl etwas zu forsch. Jever wollte den Oldenburgern aus diesem Grund ein wenig Dampf machen und ihnen zeigen, wer der Chef in der Region war. Sie holten sich also den Segen des Siebenerrats, da Oldenburg als Vollchapter nicht so einfach angegangen werden konnte. Und dann wurden alle Nord-Chapter zusammengetrommelt. Die Jungs kamen aus allen Ecken von Niedersachsen und Schleswig-Holstein nach Oldenburg, um das in ihren Augen unrechtmäßige Chapter aufzulösen. Die ganze Innenstadt von Oldenburg war voll mit Bikern vom Gremium MC. Und ich mittendrin. Wir mussten ins Clubhaus der Oldenburger und alle Sachen des Gremium MC einpacken und mitnehmen. Ihre Colours hatten die Jungs zuvor schon abgelegt. Eine merkwürdige Aktion. Kurz danach wechselten meine Exkameraden zu den Bandidos über und eröffneten für die Tacos das Chapter Oldenburg.

Ich blieb also zunächst in Jever, aber schon als ich zum Member wurde, hatte es längst nicht mehr gepasst. Von den ursprünglich 70 Kameraden waren nur noch rund 20 übrig. Ich bekam als Hangaround einen Paten an die Seite gestellt, ein altgedientes Member, das mir sagen sollte, wo es langging. Er sollte mich auch in die Gebräuche des Clubs einweisen und gleichzeitig ein Vorbild sein. Alles klar – der Kerl kokste.

Und er riet mir, dass ich mich doch etwas besser anpassen könnte. Übersetzt hieß das: ein wenig Arschkriechen hier, ein bisschen Schleimen und Buckeln dort, und schon würde das mit der Ernennung zum Member auch schön flutschen. Ich blieb meiner Linie treu – unbequem, aber ehrlich – und holte mir deshalb regelmäßig meine Verlängerungen bei der Anwärterzeit ab.

Dann bekam ich einen anderen Paten. Klaus. Das war schon Mitte 2002, also kurz vor meiner Ernennung zum Member. Klaus war ein Berufssoldat wie ich – Offizier sogar –, und dieser militärische Einschlag hatte uns natürlich gleich verbunden. Mit ihm telefonierte ich auch mehrmals die Woche (so, wie man das als Hangaround und Prospect machen sollte, was ich aber bei meinem ersten Paten natürlich nicht tat) und fragte ihn über alles aus. Mit Klaus schwänzte ich auch häufig den Clubabend und machte etwas Vernünftiges. Zum Beispiel Motorrad fahren. Das war längst überfällig geworden. Endlich saß ich wieder regelmäßig auf meinem Bike.

Aber im Chapter Jever hatte, wie gesagt, nichts mehr gepasst. Es wurde viel gesoffen und wenig gefahren. Auf die Partys anderer Clubs und Chapter wollte auch keiner mehr, dabei gehörte es sich, dass man sich hin und wieder blicken ließ, wenn man irgendwo eingeladen war. Ich bin häufig mit meinem Paten mehr oder weniger auf eigene Faust zur Imagepflege zu den Clubs im Norden gefahren. Und zwar mit dem Motorrad und nicht in einem Auto. Das hatte die anderen beeindruckt, dass wir zu zweit kamen und nicht im großen Pulk. Und vor allem: Wir kamen auf unseren Bikes! Klaus und ich lebten das, was ich mir unter einem Motorradclub immer vorgestellt hatte – aber eben leider nur wir beide. Die ersten zwei Jahre meiner Motorradclubkarriere spielten sich somit eher abseits des Gremium MC ab.

5.

Die Bandidos schienen in jener Zeit zu einem immer größeren Problem im Norden zu werden. Nicht nur, dass ein komplettes Gremium-Chapter zu den Tacos übergetreten war – nun drangen diese Penner auch noch immer tiefer ins Ostfriesische vor. Die jüngste Neugründung fand in Leer statt, und wie in den Medien zu lesen war, wurde diese Sache offenkundig auf dem kleinen Dienstweg wieder geregelt. Ich kenne diese Geschichte, die erstaunlicherweise bis heute nicht restlos von der Polizei aufgeklärt werden konnte, naturgemäß nur aus der Zeitung. Auch wenn es später anderslautende Berichte gegeben hat. Denn dabei war damals, am 5. Juli 2003, selbstverständlich keiner von uns...

Wie auch immer – am Rande der »Harley Days« müssen wohl unterschiedliche Rockerbanden aneinandergeraten sein. Die Behörden gehen davon aus, dass es sich hierbei um Mitglieder der »Hells Angels« und des »Gremium MC« handelte, die gemeinsam eine Gruppe »Bandidos« aufgemischt haben. Aber wer weiß das schon so genau?

Dem Vernehmen nach wurden zwei Mitglieder der »Bandidos« bei dieser kleinen Rangelei wohl so schwer verletzt, dass sie hinterher stationär behandelt werden mussten. So zumindest stand es in den Zeitungen. Einer der beiden Tacos wurde mit einem Messer am Hals verletzt, der andere erlitt offenbar eine Stichwunde im Bauchbereich und musste angeblich notoperiert werden. Die Messerstecher konnten nach Angaben der Polizei nie ermittelt werden und ich fürchte fast, dass wir auch mit diesem Buch keinen wirksamen Beitrag zur Aufklärung dieser Vorfälle liefern können, denn das hieße ansonsten ja, dass unser Gremium-Chapter an dieser Sache beteiligt gewesen wäre – und davon ist schließlich nichts bekannt.

Ich weiß nur, dass mir das Thema Motorradclub nach dieser Sache ein wenig zu schwul wurde. Was waren denn das für Typen? Die einen – angeblich die Angreifer – fuhren auf der Flucht vor der Polizei fast ihre eigenen Männer über den Haufen – so hieß es. Und die anderen, die »Bandidos«, ließen angeblich ihren schwer verletzten Präsidenten an einem Zaun liegen um ein Haar verrecken. Einer für alle, alle für einen? Diese Fotzen hatten offenkundig nichts von all dem begriffen. Anders konnte ich mir das nicht erklären.

Dass es sich bei einem der schwer verletzten Tacos um Heino B. handelte, der Jahre später ein weiteres Mal auf den Sack bekommen sollte, sei nur nebenbei erwähnt. Und auch, dass er, nachdem er sich für all diese kleinen Demütigungen gerächt hatte, dies mit einer lebenslänglichen Haftstrafe wegen Mordes bezahlen muss. Aber dazu werden wir noch kommen.

Nur ganz nebenbei: Das »Bandidos«-Chapter Leer verschwand nach diesem kleinen Zwischenfall bei den »Harley Days« schnell wieder von der Bildfläche. Manche Probleme lassen sich eben ganz schnell und unbürokratisch lösen...

6.

Die Geschichten, die rund um die »Harley Days« herumkreisten, stimmten mich immer nachdenklicher. Was machte denn eine Outlaw-Motorcycle-Gang nun wirklich aus? War das tatsächlich eine Handvoll echter Kerle, die zusammenhielten wie Pech und Schwefel? Oder war es nur ein Karnevalsverein für übergewichtige alte Männer mit signifikanten Hygieneproblemen? Ging es nur um Patch-Folklore und öffentlichkeitswirksame Auftritte oder um die hehren Ideen der Gründerväter dieser Clubs, die sich einst zusammentaten, um gemeinsam gegen den Rest der Welt bestehen zu können?

Natürlich hatte es mir gefallen, dass im Vorjahr mal eben ein Ortsverein der Tacos plattgemacht wurde. Dagegen war grundsätzlich überhaupt nichts einzuwenden – ganz im Gegenteil. Aber mit High Noon, Mann gegen Mann, bis zum bitteren Ende hatte das alles nichts zu tun. Meines Wissens waren damals vornehmlich Pussys in schweren Kutten am Start, die davongelaufen waren wie die Karnickel vor einem Fuchs oder dabei zusahen, wie einer von ihnen fast abkratzte. – Das durfte doch alles gar nicht wahr sein! Es war offenkundig tatsächlich so: Man konnte Scheiße verpacken, wie man wollte – am Ende blieb es immer Scheiße.

Ich begann mehr und mehr zu grübeln, und Anfang 2004 hatte ich endgültig die Schnauze voll. Mir war ja längst klar geworden, dass ich bei Gremium nicht reinpasste und überlegte, ob ich austreten sollte. Oder ob es vielleicht auch clubintern einen Weg für mich gebe. Ein Austritt kam eigentlich nicht infrage, denn normalerweise brachte ich zu Ende, was ich angefangen hatte. Und diese Sache hier war noch lange nicht beendet. Ich hatte das auch mit Klaus besprochen, meinem ehemaligen Paten. Der war seit 30 Jahren in der Motorradclubszene und kannte sich entsprechend gut aus, war aber dennoch am Boden geblieben. In jedem Fall konnte man sich auf ihn verlassen. Ich fragte ihn also, wie es denn wäre, wenn wir etwas Eigenes machen würden. Und Klaus war tatsächlich einverstanden.

Wir nahmen unseren ganzen Mut zusammen, gingen zu unserem Präsidenten und beantragten die Erlaubnis, das Chapter Aurich des Gremium MC zu gründen. Als Vollmitgliedschaft. In Aurich war noch kein großer Club vertreten, und so schien es auch vergleichsweise leicht und risikofrei zu sein, sich in meiner alten Heimatstadt niederzulassen.

Unser Anliegen wurde abgelehnt. Nicht, weil ihnen unsere Gesichter nicht gefielen, so hieß es, aber im Grunde waren wir nach ein paar kleineren Vorfällen nicht mehr so wahnsinnig gut gelitten im Chapter Jever. Ich hatte mir ja nach wie vor nichts sagen lassen und meine Meinung mit Fäusten und gelegentlich sogar mit Worten verteidigt. Auf den Partys hatte es aus diesem Grund häufig geknallt. Mir war klar: Ich hätte nach meinen Auftritten die Freigabe sofort bekommen. Jever hatte allerdings Angst, dass wir ihnen ein paar Leute abziehen könnten, denn auch das war klar: Jever pfiff personell auf dem letzten Loch, und Spaß machte die Sache in diesem Chapter schon lange nicht mehr. Nach der Gründung der Chapter Cloppenburg und Oldenburg war Jever wie ausgeblutet. Und so bekamen wir die Auflage, dass wir mindestens sieben Leute sein müssten, um Aurich zu gründen. Und zwar Neumitglieder! Sonst wäre die Sache gestorben. Member durften wir also definitiv keine abwerben.

Das war eigentlich okay für uns, und so begannen Klaus und ich damit, neue Leute anzuwerben. Wir sind auf Biker von kleineren Clubs zugegangen oder auf solche, die noch gar keinem Club angehörten, und hatten jeweils versucht, sie mit guten Argumenten von der Sache zu überzeugen. Gezwungen wurde natürlich keiner... Kompliziert machte die ganze Sache nur, dass wir für das Chapter Aurich eine Harley-Pflicht festlegen wollten. Eine Sache, die auch für mich nicht ganz unproblematisch war. Ich war zu jener Zeit von meiner Intruder auf eine 1400er Kawasaki umgestiegen. Ein schönes schwarzes Bike, leicht gechoppt und mit schön viel Dampf auf der Hinterwalze. Geld für eine Harley hätte ich nicht gehabt, es sei denn, ich hätte mir eine kleine schwule Sportster gekauft, aber das kam natürlich nicht infrage. Eigentlich gehörte es sich für einen guten MC, dass die Mitglieder Harleys fuhren, aber wer konnte sich das denn leisten?

Unsere ersten Treffen hielten wir in einer Gaststätte ab, weil ein Clubhaus zu jener Zeit natürlich Utopie war. Die Kneipe lag mitten im Wald. Man war nett zu uns, ließ uns viel feiern und sogar unsere eigenen Bilder aufhängen. Wir hatten also unser Clubheim. Es kamen letztlich fünf Member von Gremium MC aus allen möglichen Chaptern in der Umgebung. Zwei weitere hatten wir bei unserer Klinkenputzeraktion gefunden, die als Hangaround bei uns anfangen wollten. Es war nicht gerade die Crème der Bikerszene, aber andere Jungs fanden wir damals einfach nicht. Und auf diese Weise kamen wir auf die magische Gremium-Zahl sieben. Es war gleichwohl paradox: Du gründest dein eigenes Chapter, um von den ganzen Idioten wegzukommen, und dann bist du gezwungen, dir die gleichen Idioten wieder ins Boot zu holen – nur, um die Sollstärke von sieben Mann zu erreichen. Bei den meisten war ich damals gegen eine Aufnahme, aber ich wurde überstimmt. Meines Erachtens machte der Mann das Colour – und nicht das Colour den Mann! Aber wie sich herausgestellt hatte, war es in den meisten Fällen umgekehrt. Und diese Erkenntnis sollte leider bis zum bitteren Ende meiner Motorradclubkarriere nicht widerlegt werden.

Eine der Auflagen aus dem Chapter Jever war, dass ich unter keinen Umständen Präsident werden durfte. Auch das war okay. Klaus war ohnehin der bessere Mann für diesen Posten mit all seiner Erfahrung, und ich wurde folgerichtig zum Security Chief ernannt, was meiner Natur und meiner Einstellung viel näher kam als das ganz große Staatsamt.

Es sollte sich allerdings herausstellen, dass die Mitgliedschaft in einem Onepercenter-Club nur bedingt mit den Anforderungen unseres damaligen Arbeitgebers zu vereinbaren war. Klaus, der Präsident, bekam wegen seines neuen Titels fortan ständig Ärger mit dem Militärischen Abschirmdienst (MAD), denn er entwickelte in seinem Hauptberuf Waffensysteme beim Bund. Als er noch einfaches Member in Jever war, ging das wohl gerade noch gut. Bei einem Chapter-Präsidenten von Gremium MC sah die Bundeswehr aber offenbar genauer hin.

Gut war nur, dass auch bei den Behörden der Gremium MC noch als einigermaßen reiner Motorradclub galt. Zwar gab es immer mal wieder Zwischenfälle, und natürlich verdienten nicht alle Mitglieder ihr Geld als Beamte und Bankangestellte. Es kamen auch immer mal wieder zwielichtige, halb legale oder gar illegale Aktivitäten an die Öffentlichkeit, und natürlich gab es auch Member, die vielleicht einen Puff laufen hatten. Aber das Ganze war lange nicht so gigantisch, wie ich das später bei den Hells Angels oder bei den Bandidos kennenlernen sollte. Im Gegensatz zu den Tacos oder Rot-Weiß kamen bei Gremium nicht ganz so viele Einnahmen aus dem Rotlichtmilieu, dem Drogengeschäft oder der Schutzgelderpressung.

Gremium MC war stets ein reiner Club. Das zumindest war mein Eindruck. Es gab keine Nebengeschäfte, und die Mitglieder hatten auch nicht die Möglichkeit, über den Club etwas zu verdienen. Den Unterschied konnte man an Kleinigkeiten ablesen. Bei Gremium bekam man als Member für den Clubabend einen Getränkebon in Höhe von zehn Euro, danach musste jeder ganz normal zahlen, damit die Sache überhaupt finanzierbar war. Bei den Angels indes gab es alles umsonst – und damit ist nicht nur der Alkohol gemeint. Woher das Geld dafür kam, kann sich jeder denken. Spendengelder waren es jedenfalls keine ...

Bei Gremium musste man nicht kriminell sein, um mitfahren zu können. Es gab nur eine Anforderung, die allerdings auch nur selten gehalten wurde: Man musste »gerade« sein. Rot-Weiß und die Tacos hatten wohl ein paar andere Anforderungen an ihre Mitglieder – auch wenn sie das so öffentlich nie eingestehen würden.

7.

Es ließ sich ganz gut an mit unserem Chapter Aurich. Auch wenn wir im ganzen ersten Jahr bei unserer überschaubaren Mitgliederzahl von sieben Mann geblieben waren, was unter anderem auch daran lag, dass ich letztlich doch die meisten Member davon überzeugen konnte, nicht jede bescheuerte Dumpfbacke in unseren Club aufzunehmen. Das hatte durchaus seine guten Seiten, denn damit wichen wir doch ganz entschieden von der allgemeinen Gremium-Linie ab.

Auch meine bundesweite »Karriere« im Gremium MC nahm langsam Fahrt auf. Wegen meiner unzweifelhaften Kompetenzen im Bereich Werk- sowie Personenschutz und Security sollte ich eine Einsatzgruppe leiten, zu der aus allen Chaptern im Norden ein paar Leute abgestellt werden mussten. Diese Einsatzgruppe sollte dann Ordnung schaffen, wann immer das nötig war: Das konnte die Auflösung renitenter Clubs sein oder auch nur die Absicherung von verschiedenen Veranstaltungen. Ich durfte mich fortan »Security Chief Nord« nennen und hatte somit plötzlich einigen Einfluss. Ich war mit einem Mal Ansprechpartner für alle Chapter und andere Clubs. Wann immer sich ein Motorradclub oder eine MFG (Motorrad-Fahr-Gemeinschaft) gründen wollte, wurde ich um die Genehmigung gefragt. Und die habe ich dann erteilt. Oder eben auch nicht.

Meine Idee war es auch, in Aurich einen runden Tisch aller Motorradclubs zu etablieren. Wir wollten von Anfang an niemandem ans Bein pissen. Obwohl wir das als Chapter eines großen Clubs, des einzigen großen Clubs in Aurich, sehr gut hätten tun können. Nein, wir wollten mit allen reden und hatten auch von Anfang an gesagt, dass wir keine anderen Clubs auflösen würden – wir wollten lediglich mitreden. Auch und besonders, was Neugründungen anbelangte. Wir haben uns in der Folgezeit einmal im Jahr am runden Tisch getroffen, all die wichtigen Dinge durchgesprochen und sind dabei auch den Jahresterminkalender durchgegangen, damit es keine Überschneidungen bei Partys oder Versammlungen gab. Plötzlich war Ordnung in der Region, und Jever hatte nie zuvor derart viele Biker innerhalb seiner Stadtgrenzen gesehen. Wir schienen tatsächlich etwas richtig zu machen mit unserer Politik der offenen Tür.

Genau das war unser Ziel. Wir wollten nicht nur auf das Colour schauen, sondern auf die Kerle, die in diesen Kutten steckten. Und siehe da, es gab auch bei unbedeutenden Dorfclubs immer mal wieder brauchbare Leute. Und die hatten ihrerseits den Vorteil, einen großen Club an ihrer Seite zu wissen. Plötzlich war da ein gegenseitiger Respekt, der in Freundschaft umschlagen konnte – unabhängig von den Patches auf dem Rücken. Es ging nicht mehr darum, andere Clubs zu schlucken, sondern nebeneinander zu existieren.

Ich fand also endlich all die Dinge, die ich mir von einem Motorradclub so vorgestellt hatte. Zusammen feiern, weil man Spaß hatte, und nicht etwa, weil es Pflicht war. Gemeinsame Ausfahrten auf dem Motorrad. Spalierfahrten bei Hochzeiten – all das hatte es zuvor nie gegeben, schon allein weil uns von Gremium MC Chapter Jever nie jemand eingeladen hatte. Man war lange Zeit wie ausgestoßen, und nun waren wir plötzlich mit an Bord.

Zudem hatten wir immer die Manpower des Gremium MC, des größten Clubs in Europa, im Rücken. Und das hieß für uns und diejenigen, denen wir gewogen waren, dass – wann immer es Probleme gab – ein Anruf genügte und sofort bis zu 500 Biker aufliefen, die zu vielem, wenn nicht sogar zu allem bereit waren. Und dabei zusätzlich auch noch die kleineren Clubs auf seiner Seite zu haben war zumindest aus der Sicht von Gremium durchaus nützlich.

Der Gremium MC war ein Einprozenter-Club. 1%er – das bedeutete mehr oder weniger gewaltbereit. Solche Clubs – zu denen auch die Bandidos und die Hells Angels gehörten – trugen ein Patch an ihrer Jacke mit der Aufschrift »1%«. Diese Bezeichnung ging zurück auf Vorfälle im kalifornischen Städtchen Hollister im Juli 1947, die später als »Hollister Bash« bekannt und berüchtigt geworden waren. Während eines Rockertreffens kam es zu heftigen Schlägereien mit der Polizei. Die Bevölkerung reagierte entsprechend entrüstet und stand den Bikern und Rockern fortan sehr negativ gegenüber. Die American Motorcycle Association (AMA) hatte damals versucht, etwas Wind aus dem aufziehenden Sturm zu nehmen, indem sie behauptete, dass höchstens ein Prozent aller Biker gewaltbereit sei. Seither brüsteten sich viele damit, zu jenem einen Prozent zu gehören.

Mir gefiel das natürlich. Ich war letztlich schon auf der Schule ein Onepercenter gewesen, freilich ohne es zu wissen. Einprozenter hieß nicht, dass man kriminell sein musste. Es bedeutete letztlich nur, dass man gerade war und sich und seine Leute verteidigte. Im Zweifel mit allen Mitteln und auch mit allen Konsequenzen. Ein Onepercenter zu sein hieß, ehrlich und aufrichtig zu sein. Leider waren das nur die wenigsten...

7. Der Hangaround: Forever Angel, Angel Forever?

1.

Und dann kam ein Moment, der alles auf den Kopf stellte und mich jäh aus meiner Selbstzufriedenheit bei Gremium herausriss. Es war schon merkwürdig, dass es erst gewisser Situationen bedurfte, die einen veranlassten, grundsätzlich über alles nachzudenken. Plötzlich stand man vor einer Erkenntnis, die alles bisher Dagewesene infrage stellte. Selbstverständlichkeiten, Beziehungen, Gegebenheiten – Freundschaften, die man bis dahin nie angezweifelt hätte, erschienen plötzlich in einem ganz anderen Licht. Und man war mit einem Mal bereit, sein Leben von einem Moment auf den anderen tief greifend zu ändern. Aber für so einen Perspektivwechsel brauchte es manchmal einen kräftigen Tritt, der einem von dem offenkundig falschen Weg, den man da entlangraste, abbringen konnte. Und dieser Tritt kann mitunter recht unsanft sein.

Im Februar 2005 musste ich schwer verletzt ins Krankenhaus. Ich hatte – sagen wir – eine Auseinandersetzung gehabt und musste eine kleine Auszeit im Krankenbett nehmen. Was da genau passiert war, ist im Grunde unwichtig – jedenfalls lag ich für drei Wochen in einem Zimmer, Tag für Tag, Nacht für Nacht, und bemerkte irgendwann, wie alleine ich mich doch wieder fühlte. Denn besucht haben mich in all der Zeit eigentlich nur meine Frau und mein kleiner Junge. Klaus, der Präsident des Gremium MC Chapter Aurich, mein Freund, mit dem ich so viele Dinge erlebt, erkämpft und bestanden – und nicht zuletzt auch das neue Chapter gegründet – hatte, kam genau einmal an mein Krankenbett. Und dabei sah ich wohl derart vital oder glücklich aus, dass er hätte denken können, ich bräuchte keinen weiteren Beistand.

Und dieser eine Besuch war zu allem Überfluss auch noch eine Farce. Vielleicht waren es zwei oder auch drei Minuten, die er da an meiner Seite stand, ein wenig Small Talk inszenierte und mich ein bisschen bedauerte. Aber seine Gestik und seine Miene sagten – wenn man genauer hinschaute – eigentlich nur: »Lieber Gott, wie komme ich hier schnell wieder raus?« Und dann schlich er sich auch schon davon – und kam nicht wieder.

Auch die anderen Jungs – meine Brüder, meine neue Familie, wie ich gehofft hatte – kamen in diesen Tagen und Wochen nicht zu Besuch. Als hätte ich gar nicht existiert. Oder als wäre ich im Urlaub gewesen und hätte an einem Strand in der Südsee gelegen ... Nichts! Keiner rief an, keiner fragte, wie es mir ging, wie ich mich fühlte – nichts. Ich war allein gelassen, als hätte mich keiner gekannt und, noch schlimmer: Als hätte mich keiner von denen gemocht!

Die ganze Sache machte mich sehr nachdenklich. Bis dahin hatte ich gedacht, wir seien ein verschworener Haufen, bei dem der eine für den anderen einstand und bei dem man sich half, wann immer es nötig gewesen wäre. Ich hatte gedacht, unser aller Verhältnis sei innig, gut und kameradschaftlich. Umso brutaler war dann die Erkenntnis, dass ich mich in all dem ganz offensichtlich getäuscht hatte. Einer für alle – jeder für sich, das war wohl der wahrhaftige Leitspruch. Ich war Fullmember im größten Motorradclub Deutschlands und dennoch wieder alleine. Irgendwas konnte da nicht stimmen.

Meine Gedanken ließen mich natürlich auch nicht mehr los, als ich wieder draußen war. Ich hatte den Weg in den Club gesucht, um Freundschaften zu schließen, um eine Gemeinschaft zu finden, auf die ich bauen konnte. Ja, ich hatte immer diese Ersatzfamilie gesucht, denn seine Freunde konnte man sich schließlich aussuchen. Dass ich meine Familie – meine Mutter und meine Halbgeschwister – vergessen konnte, war mir schon als Kind klar geworden. Aber dass nun auch diese Gemeinschaft, die ich mir selbst ausgesucht hatte und für die ich meine Gesundheit und noch weit mehr gegeben hätte, eine totale Enttäuschung war, das musste ich erst einmal verarbeiten.

Natürlich kamen auch ganz andere Gedanken hoch: War ich vielleicht einfach nur ein blödes Arschloch, das keiner leiden konnte? War ich nicht gesellschaftsfähig? Nicht in der Lage, in einer Gemeinschaft zu leben, in der ich auch etwas zurückbekam? Auch diese Fragen stellte ich mir zu jener Zeit, und ich fand keine Antworten. Oder ich wollte sie ganz einfach nicht finden ...

Kapitel 7

Als ich die Klinik verlassen konnte und mit den Reha-Maßnahmen begann, konnte ich schon bald wieder Sport treiben. Und das verscheuchte immerhin die schlimmsten Gedanken. Einstweilen. Aber der grundsätzliche Entschluss blieb doch haften: Mit diesen Leuten musste ich mich nicht länger freiwillig umgeben!

Ich nahm mir eine Auszeit von dem Club, um in Ruhe darüber nachzudenken, was ich künftig von meinem Leben noch erwartete. Meine Clubjacke hatte ich nicht abgegeben, denn das wäre das endgültige Symbol für den Austritt gewesen. Aber ich zog die Klamotten auch nicht wieder an. An gemeinsamen Ausfahrten und Meetings nahm ich nur noch pflichtgemäß und in meiner Funktion als Security Chief teil und nicht mehr, weil ich diese Gemeinschaft schätzte oder weil es mir noch Spaß gemacht hätte. Pflichtbewusst war ich also auch noch in meiner Zurückgezogenheit. Denn eines war klar: Das Clubleben sollte unter meinem »geistigen Sabbatical« nicht leiden müssen.

Und ich wollte ja weiterhin in einem Motorradclub sein. Ich hatte mein geistiges Ideal der (ausgewählten) Familie, in der jeder für den anderen einstand und man sich blind auf den Clubpartner verlassen konnte, noch nicht aufgegeben. So war es irgendwann nur folgerichtig, dass ich mich nach einer neuen Familie umsah. Und vom Gremium MC weg gab es eigentlich nur einen logischen Schritt: die sagenumwobenen Hells Angels. Gleichsam die Green Barrets – die Eliteeinheit unter den großen MCs weltweit. Das zumindest nahm ich damals an.

Ich nahm mit dem Präsidenten des Charter West Side in Bremen Kontakt auf. Ihn kannte ich von diversen Biker-Treffen. Zwar nur oberflächlich, aber er meinte, ich solle einfach mal zu einem offenen Abend zu den 81ern kommen, und dann würde man ja weitersehen. Da die Strukturen in fast allen größeren Clubs ähnlich gestrickt waren, konnte ich mir schon in etwa ausmalen, wie die Sache weitergehen könnte: Da gab es ein Clubhaus mit einem für jeden zugänglichen offenen Bereich. Und dazu einen Member-Bereich hinter verschlossenen Türen, der sich paradiesgleich öffnete, sobald man zum Mitglied geworden war. Der Weg dahin war vermutlich ein steiniger – das war mir zu jener Zeit auch klar. Und ich musste für mich entscheiden, ob ich noch ein weiteres Mal die klassische Evolutionsgeschichte eines Members durchlaufen wollte: Supporter, Hangaround, Prospect...

Für meine erste Kontaktaufnahme schien mir ein Besuch in Bremen strategisch eher ungünstig, denn die Kollegen des Gremium MC sollten von meinen Ambitionen vorerst nichts mitbekommen. Schließlich hatte ich noch immer ein wichtiges Amt als Sicherheitschef inne, und in Anbetracht dieser Position wäre es eher ungesund gewesen, wenn meine Wechselabsichten frühzeitig bekannt geworden wären. Ich fuhr deshalb nach Hannover, ganz offiziell mit meiner Jacke und dem Gremium-Patch hintendrauf, sodass ich auch rein äußerlich zunächst nicht Verbotenes tat. Ich stattete einfach einem anderen Club einen Besuch ab – mehr nicht.

Selbstverständlich hatte ich auch den Hintergedanken, dass meine »Uniform« und meine »Abzeichen« mir einen gewissen Respekt verschaffen – und ein wenig mein Selbstbewusstsein stärken würden. Die volle Montur machte mit Sicherheit mehr her als nur ein Biker-Shirt von der Stange, und solange ich nicht in der Taco-Robe bei den 81ern auftrat, war die ganze Sache auch nicht weiter gefährlich, schließlich standen sich Gremium und die Angels einigermaßen wohlgesinnt gegenüber.

Der Besuch beim offenen Abend in Hannover lief ganz gut, und mein Entschluss, zu Rot-Weiß zu wechseln, verfestigte sich immer mehr. Und so wagte ich mich doch zu einem offenen Abend beim Charter »West Side« in Bremen. Was ja kein Wagnis im eigentlichen Sinne war. Es gestaltete sich letzlich wie der Besuch eines Fremden in einer Dorfkneipe, wo jeder jeden kannte. Das hieß: Man wurde zunächst einmal schief angeschaut, und dann sah man weiter... Aber darum ging es ja auch nicht. Ich wagte den Besuch, weil mich der Gremium MC endgültig am Arsch lecken konnte und es mir völlig gleichgültig war, ob ich bei meinem Besuch im Bremer Angels-Quartier gesehen wurde oder nicht.

Meine Idee, dass ein Wechsel schneller und reibungsloser passieren könnte, wenn ich einige Leute mit zu den Hells Angels »West Side« mitbringen würde, veranlasste mich, ein paar Jungs von Gremium anzusprechen, von denen ich glaubte, man könne sich auf sie verlassen. Und so erklärte ich ihnen unter vier Augen, was ich vorhatte. Natürlich gehörte sich das nicht. Allein zu wechseln war unter normalen Umständen schon unanständig genug, aber auch noch die Guten abziehen zu wollen – das war nicht in Ordnung. Mir war es in der Situation aber wichtiger, die Sache für mich irgendwie zu erleichtern. Denn ich hatte in der Szene schon einiges an Gerüchten über die 81er gehört: Wer zu den Angels wollte, hatte fortan eine Sieben-Tage-Woche. Mir war klar, dass die ganze Sache kein Zuckerschlecken werden würde. Mein Ansatz war deshalb, die Schinderei vielleicht auf ein paar Schultern zu verteilen, damit die Gefahr nicht ganz so groß sein würde, dabei verheizt zu werden. Man kannte doch schließlich den Spruch vom geteilten Leid.

Von Lingen, wo ich damals wohnte, bis nach Bremen waren es 150 Kilometer. Wie hätte ich das alleine über ein oder zwei Jahre bewältigen sollen? Mit ein paar anderen Jungs zusammen hätte man sich nach meinem Plan wenigstens die Spritkosten teilen können. Denn für eine Tatsache brauchte man nun wirklich kein Abitur: Als Hells Angel in spe wurde man zunächst einmal versklavt, und man musste knechten, bis man nicht mehr glücklich wurde.

Es waren, wie gesagt, nur Gerüchte, die man über das Innenleben des weltgrößten MC erfahren konnte. Dass man Tag und Nacht für die Member bereitzustehen hatte, wann immer es galt, einen besoffenen »Bruder« von einer Party nach Hause zu fahren, oder Thekendienste bis in die Morgenstunden ableisten musste, war einigermaßen bekannt. Aber das waren Gerüchte, und ich hatte bis zu jenem Zeitpunkt keine klare Vorstellung, was noch alles auf mich zukommen sollte.

Ich wurde zu einer privaten Party eingeladen, bei der ich erneut die Gelegenheit hatte, mit dem Bremer Präsidenten, seinem Vize und dem Sergeant at Arms zu sprechen. Meine wechselwilligen Kollegen waren zwar auch mitgekommen, hatten sich dann aber unter all den Anglern nicht besonders wohlgefühlt und waren früh wieder verschwunden. Ich konnte das Unbehagen meiner Gremium-Kumpels sogar nachvollziehen, denn während unseres gesamten Aufenthaltes lag eine diffuse Bedrohung in der Luft: Ein falsches Wort, und du liegst. Jeder Blick schien zu sagen: Du gehörst nicht dazu, und wenn du mich blöd anmachst, hau ich dich weg. Was ich den 81ern nicht einmal verdenken konnte, denn genau genommen war es bei jedem Colour so. Ich zog den Abend durch, denn ich hatte ja ein Ziel – und die Illusion, dass sich alles ändern würde, sobald ich bei den Angels ein Member wäre.

So weit waren wir jedoch noch lange nicht. Denn, so wurde mir an jenem Abend klargemacht: Anfangen müsste ich als Hangaround – was in Anbetracht meiner Position bei Gremium MC, wo ich ja Security Chief für den ganzen

Norden war, schon einen empfindlichen Abstieg bedeutete. Aber das war die Ansage, und daran war nicht zu rütteln. Die Tatsache, dass ich bereit war, diesen Weg tatsächlich zu gehen, zeigte jedoch, wie tief mein Frust bei Gremium inzwischen war.

Als der Präsident mir auch noch sagte, dass der Monatsbeitrag bei Rot-Weiß 130 Euro betrage, hätte es mich fast aus den Schuhen gehoben. Das war immerhin mehr als das Dreifache von dem, was ich bei Gremium MC zahlen musste. Die Begründung leuchtete mir allerdings ein. »Mein Junge«, sagte der Präsi und grinste, »wenn du als erwachsener Mann keine 130 Euro im Monat übrig hast, dann hast du irgendwas falsch gemacht.« Und da hatte er recht. Dann hätte man auch gleich mit seinem Arsch zu Hause bleiben können, antwortete ich. Die Sache gefiel mir. Mein Entschluss war gefasst.

Ich blieb an diesem Abend auch länger und erklärte dem Präsidenten im Laufe der Nacht, dass ich zum 1. Oktober 2005 gerne wechseln würde. Denn die Einjahresfeier bei unserem Gremium MC Chapter Aurich, das ja schließlich ein Stück weit auch mein Baby war, wollte ich schon noch mitnehmen.

2.

Es war wohl Ende August 2005, als ich – nur wenige Tage nach dem Rot-Weiß-Abend – eine E-Mail von Klaus, dem Präsidenten des Gremium MC Chapter Aurich, in meinem Postfach hatte. Darin stand kurz und sachlich, dass er mich in Aurich nicht mehr haben wolle, da ich wegen meiner Absicht, zu den Hells Angels zu wechseln, nicht mehr tragbar sei. Fein! Da hatten also die Fotzen, die zunächst mit mir wechseln wollten, nicht nur gekniffen, sondern mich auch gleich noch verpfiffen. Ein ganz edler Charakterzug. Auf Klaus war ich im Grunde gar nicht sauer. Er konnte nicht anders. Im Gegenteil, er hatte sich sogar recht fair verhalten. Niemand hätte es ihm übel nehmen können, wenn er mich ohne Kommentar einfach rausgeschmissen hätte.

Stattdessen bot er mir an, ins Chapter Rheine des Gremium MC zu wechseln. Rheine lag in der Nähe von Lingen und wäre also räumlich sogar günstiger für mich gewesen. Zudem war Rheine ein sehr kleines Chapter, wenige Member nur, aber dafür sehr gute Leute, und alle kannten mich obendrein schon wegen meines Amtes als Security Chief, sodass sie mich – wie ich schnell erfahren konnte – auch unbedingt haben wollten. Die Jungs wussten, dass ich zu hundert Prozent ehrlich war, schlagfertig in jedem Sinne und nicht davonlief, wenn es einmal eng wurde.

Und so wussten die in Rheine auch schon Bescheid, noch bevor ich via E-Mail erfahren hatte, dass ich in Aurich raus war. Der Präsident des Rheine-Chapters rief mich persönlich an und kam wenig später mit seinem Vize bei mir vorbei. Wir saßen lange zusammen, und die Jungs warnten mich eindringlich davor, bei Rot-Weiß anzuheuern. »Bei uns bist du besser aufgehoben. Du kriegst auch ein Amt. Und wir können geschäftlich was machen«, sagte der Präsident, und ich glaubte ihm sogar. Denn in Münster hatte das Chapter Rheine einen gut gehenden Puff, und man hatte sich auch mit den Bandidos arrangiert, also dem extremsten Gegenpol zu den Angels.

Der Präsident sprach weiter: »Bei den Anglern wirst du nur verheizt, machst die Drecksarbeit, bist der totale Vollhonk und kannst den Arschlöchern auf ihren Partys die Cola bringen.«

Ich hätte vielleicht auf den Mann hören sollen. Er war sehr erfahren im Rocker-Gewerbe und – noch viel wichtiger: Er galt als sauberer, ehrlicher und vernünftiger Kerl. Ich dagegen war ungebremst und unerfahren und wollte offenbar mit Volldampf gegen die Wand fahren. Heute weiß ich, dass es falsch sein kann, unbedingt seine eigenen Erfahrungen machen zu wollen. Wäre ich damals klüger gewesen, hätte ich den ganzen Scheiß gelassen. Aber ich musste es ja unbedingt so haben …

Ich argumentierte, dass ich den Angels schon versprochen hätte, meine Ansage zu machen. Was für ein sinnfreies Argument – aber so war ich damals. Aufrecht bis zur Selbstaufgabe. Ich hatte versprochen, zu den Hells Angels zu wechseln und mehrere Leute mitzubringen. Deshalb sah ich mich gezwungen, das nun auch durchzuziehen. Ich wollte noch nicht einmal kapieren, dass die feigen Arschlöcher von Gremium-Brüdern längst abgesprungen waren. Und mich auch noch verpfiffen hatten. Umso mehr fühlte ich mich bei den Angels in der Bringschuld und wollte die Unzuverlässigkeit meiner Exbrüder doppelt und dreifach ausgleichen.

3.

Am folgenden Tag rief ich sofort den Präsidenten der Hells Angels, Charter West Side, an und schlug ihm vor, die ganze Sache etwas zu beschleunigen. Die Jahresfeier konnte ich ohnehin vergessen, und je eher ich meine neue Familie fand, so dachte ich mir, desto besser für mich und alle Beteiligten. Der 81er-Boss war einverstanden, und so stand ich schon drei Tage später, am nächsten Clubabend, in Bremen bereit. Ich war im Angel's Place des Charter West Side, um meine Ansage zu starten.

Ich dachte, ich stünde vor der falschen Adresse. Kannte ich doch bis dahin immer nur vergleichsweise schäbige oder zumindest bescheidene Clubheime. Aber was sich mir hier in Bremen bot, übertraf alles. Das Clubhaus der Hells Angels war fast schon ein Palast. Ein edler Altbau, mitten in der Stadt gelegen und drei Stockwerke hoch. Der allgemeine, für alle zugängliche Bereich war gefliest – falls es mal ölig wurde, schließlich sollten hier auch die Maschinen repariert werden. In diese Fliesen eingearbeitet lag ein riesiger Deathhead zu meinen Füßen – der Totenkopf mit dem geflügelten Helm, das allgegenwärtige Symbol der Hells Angels. Alleine das war schon mal beeindruckend und erfüllte garantiert auch seinen Zweck: Einschüchterung.

Ich schaute mich um. Vom großen Saal gingen Türen weg zu einem Tattoo-Studio, einem Computerraum und in eine kleine Werkstatt. In dieser befand sich auch der Notausgang, verdeckt von einem schweren schwarzen Vorhang. Lustiges Detail hierbei: Nebenan lag eine Schwulen- und Lesbendisco, und wenn dort mal ein Alarm ausbrechen würde, liefen die ganzen Schwuchteln bei den Hells Angels durchs Clubhaus. Eine sehr interessante Vorstellung...

In der Ecke stand ein Kickertisch – und als ausgebildeter Sicherheitsexperte stellte ich sofort fest, dass mehr oder weniger unauffällig zahlreiche Kameras angebracht waren, die den ganzen Raum abdeckten.

Und das war nicht die einzige Form der Überwachung, wie ich später erfahren konnte. Auch seitens der Behörden interessierte man sich für die Vorgänge im Clubhaus. Das komplette Haus war von oben bis unten verwanzt, weshalb in den Clubräumen stets nur über Banalitäten gesprochen wurde. Dinge wie »Ein Neuer stellt sich vor«, »Wir fahren am Wochenende zur Party nach Karlsruhe« oder »In Bad Salzuflen wird ein neues Charter aufgemacht«… Belanglosigkeiten, die keinen Menschen interessierten.

Es war wie bei den »Sopranos«. Dort hatte man im Haus über das Essen oder die Schulprobleme der Kinder gesprochen, während die »geschäftlichen« Dinge im Garten abgehandelt wurden. In Bremen war das genauso: Alle Deals, ob klein oder groß, ob legal, weniger legal oder noch schlimmer, wurden außerhalb des Angel's Place verhandelt. Entweder man ging ein paar Schritte spazieren, oder man traf sich in einer anonymen Kneipe. Und es verstand sich von selbst, dass die Mobiltelefone bei solchen Spaziergängen stets im Clubhaus bleiben mussten. Schließlich wollte man nicht geortet werden.

Besonders clever stellten sich unsere Freunde vom Staatsapparat aber nicht immer an. In Bremen hatten diese hellen Köpfe, die sich offenbar dem Clubheim gegenüber in einem Haus eingemietet hatten, abends versehentlich das Licht brennen lassen. Und zur Freude aller Besucher des Clubhauses konnte man, als es dunkel geworden war, im Fenster die Kamera auf dem Stativ stehen sehen. Das Objektiv stramm auf den Angel's Place gerichtet. In solchen Fällen war man natürlich ein braver Staatsbürger, rief bei der Polizei an und teilte ihnen mit, dass sie doch bitte das Licht in dem Haus gegenüber noch löschen sollten.

Der Versammlungsraum im ersten Stock war um die 60 Quadratmeter groß, hatte eine Deckenhöhe von gut vier Metern, dazu Stuck, Flügeltüren, Fischgrätparkett, Ledersofas, Kühlschrank und war insgesamt äußerst hochwertig eingerichtet. Auf dem großen Tisch standen Cola, Bier und andere Dinge bereit, die eine gewisse aufputschende Wirkung hatten. An die Wand war ein riesiger Deathhead gemalt, vielleicht eineinhalb Meter hoch und drei Meter breit. In der Mitte stand ein riesiger Tisch aus Massivholz, eine Tafel wie aus einem Ritterfilm – schließlich sollten an die 30 Mann daran Platz finden können. Über dem Ganzen schwebte ein Kronleuchter aus Schmiedeeisen mit je einem Deathhead an jeder der vier Seiten. Ein imposantes Clubheim. Man konnte schnell erkennen, dass Geld bei Rot-Weiß offenbar keine große Rolle spielte.

Man schaute mich an jenem Abend schon ein wenig komisch an. Das lag wohl an meiner Kleidung, schließlich rannten die meisten schon in ergebener Unterwürfigkeit mit Supporter-Shirts rum und gingen damit auch zur Ansage.

Ich habe diesen Mist nie getragen, auch als Hangaround oder Prospect nicht. Schließlich konnte sich jeder Idiot dieses Zeug im Laden kaufen. Mir reichte immer mein kleiner rot-weißer »West Side«-Aufnäher.

Ich trug zur Ansage meine schwarze lange Lederjacke und darunter ein Longsleeve-Shirt. Nicht, dass ich mir groß Gedanken gemacht hatte, wie ich aussah, aber ganz so schäbig, wie manch andere zu ihrer Ansage kamen – mit verschmierten Shirts und zerschlissenen Jeans –, wollte ich dann doch nicht aussehen. Beim Gremium MC war es angebracht, dass man Schwarz-Weiß trug, die Clubfarben eben. Bei den Hells Angels aber ging das schlecht. Oder hätte ich mir vielleicht doch eine homosexuelle rote Hose und ein weißes T-Shirt anziehen sollen?

Da saßen nun also der Präsident, sein Vize, der Sergeant at Arms und die etwa 30 Member um den großen Tisch herum. Fast alle waren vorstellig an diesem Abend, denn es herrschte natürlich Anwesenheitspflicht. Fehlen durfte eigentlich nur, wer mit einer tödlichen Krankheit auf der Intensivstation lag – wenn er denn die Erlaubnis der Clubführung hatte.

West Side in Bremen war ein mittelgroßes Charter. Die kleinsten Ortsverbände hatten zum Teil nur fünf Member – das größte deutsche Charter in Hannover kam immerhin auf rund 70 Mitglieder. Die Männer an dem großen Tisch sahen ein wenig aus wie eine Delegation der Vereinten Nationen, allein an der Kleiderordnung hätte noch etwas gefeilt werden müssen. Und ich musste mich schließlich wie ein Schuljunge hinstellen und mein Sprüchlein aufsagen: »Hallo, ich bin Tom und war zuletzt beim Gremium MC Chapter Aurich. Ich bin dort rausgeflogen, nachdem bekannt wurde, dass ich zu euch wechseln und ein paar andere Jungs mitbringen will. Die drei haben gekniffen, aber ich stehe hier. Also nehmt mich, oder lasst es bleiben.«

Mir fehlte wahrlich die Lust, mich großartig anzubiedern. Ich hatte doch das Wesentliche, wie ich glaubte, schon in den Vorgesprächen mit den maßgeblichen Leuten im Club abgeklärt. Nun ja, es kamen noch ein paar halbgare Frage in der Art:

»Was machst'n beruflich?«, »Woher kommst du?«, »Vorbestraft?«, »Schon mal jemanden verlampt?«

Keine Überraschungen. Sie wollten nicht einmal wissen, warum und wofür ich vorbestraft war – offenbar spielten Einträge dieser Art bei Rot-Weiß keine

Kapitel 7

große Rolle. Im Gegenteil. Am Ende bekannte ich, dass ich nicht rauchen und auch keine Drogen nehmen würde, was damals ja stimmte, aber einen der Angler sofort dazu veranlasste, ein wenig Stimmung in die müde Runde zu bringen: »Und was willst du dann hier?«

Dann wurde ich unter dem Gelächter rauer Männerkehlen wieder aus dem Saal geschickt. Man wollte sich beraten.

Ich war nervös. Es gab nicht viele Möglichkeiten, wenn man von Gremium zu einem anderen Club wechseln wollte. Eigentlich kamen nur zwei MCs infrage: die Hells Angels oder die Bandidos. Man will sich schließlich nicht verschlechtern. Wenn schon ein Farbenwechsel, dann zum größten und legendärsten Club der Welt. Ob ich es wollte oder nicht – es roch an diesem Abend ein bisschen nach »letzter Chance«, zumindest was meine Karriere bei einem Motorradclub anging. Und mit diesem Gefühl wartete ich auf das Urteil der »Geschworenen«.

Sicher, mir war ein gewisser Ruf vorausgeeilt. Ich denke, ich galt in der Szene als ein Mann fürs Grobe. Aufrecht, ehrlich und kein Feigling. Eigentlich gute Voraussetzungen für eine OMCG-Laufbahn. Aber da gab es einen Punkt in meinem Lebenslauf, der Rot-Weiß nicht gefallen konnte: Ich bildete nebenbei auch Hunde für die Polizei-Hundestaffel aus, was den Eindruck erwecken konnte, ich sei ein Spitzel. Und so ein Verdacht konnte böse Konsequenzen haben, zumal wenn man wie ich gerade in der Höhle des Löwen stand und gleichsam alle Raubtiere hungrig im Nebenraum saßen.

Da stand ich nun also in dem episch langen Flur dieser Altbauvilla und wartete. Bange Minuten, bis nach etwa zehn Minuten die große Flügeltür knarrte und ich wieder hineingebeten wurde. Ich blickte erwartungsfroh in die ernsten Gesichter dieser merkwürdigen Tafelrunde und wartete auf das Urteil. Und dann war es endlich so weit. Der Präsident stand auf und teilte mir feierlich mit, ich sei fortan als Hangaround im Hells Angels MC, Charter West Side, aufgenommen. Ich hatte es also tatsächlich geschafft. Die Gesichter der Jungs hellten sich auf, und in dem Saal wurde es nach und nach wieder etwas lauter und lebendiger. Ich selbst hatte nur noch eine Formalität zu klären. Der Club wollte den Namen meines Anwalts wissen. Für den Fall der Fälle, wie es hieß. Ich gab ihnen den Namen meines Rechtsbeistandes und sorgte – ohne etwas zu ahnen – für den nächsten Lacher: Mein

Verteidiger aus vergangenen Tagen war zufällig auch der Clubanwalt. Eine gute Wahl offenbar.

In! Aber es wollte sich leider überhaupt kein gutes Gefühl in mir breitmachen, zumal ich nun bei Rot-Weiß wieder ganz unten anfangen musste. Ich hatte zuvor doch die leise Hoffnung, dass ich aufgrund meiner Erfahrungen und Fähigkeiten als Sergeant at Arms bei Gremium wenigstens als Prospect beginnen könnte. Also nur eine Stufe unter der Vollmitgliedschaft. Aber da war nichts zu machen! Der Sergeant at Arms der 81er drückte mir einen Aufnäher in die Hand, und das war's dann fürs Erste. Der Security Chef Norddeutschland des größten Motorradclubs Europas wurde bei den Hells Angels vom Abteilungsleiter wieder zum Lehrling oder doch eher zum Praktikanten heruntergestuft. Ich war etwas angepisst!

Mit einem Mal kamen Gedanken und Zweifel auf, die ich mal besser in den Tagen zuvor gehabt hätte. Was war nur mit mir los? Warum nahm ich diesen Abstieg so einfach hin? Nur wegen des Deathheads? Wollte ich tatsächlich noch einmal die Lehrlingsmühle eines Motorradclubs durchlaufen? War ich zu vorschnell gewesen? Und zu verbohrt in das Ziel, vom Gremium MC wegzukommen?

Und dann war plötzlich Aufbruchsstimmung im Angel's Place. Es ging in eine Diskothek, und ich, der neue Hangaround, sollte die Jungs begleiten. Meine Bedenken verblassten langsam, und ich versuchte meinen ersten »Auftritt« mit den 81ern zu genießen. Das erste Mal. In einen Laden eintreten, die Blicke der anderen Gäste sehen, fühlen, wie sie sich fürchten, wie sie fast unmerklich zurückweichen und Platz machen an der Theke. Die Macht spüren, die die Gesellschaft der Hells Angels naturgemäß mit sich brachte...

Scheiß auf den Titel!, versuchte ich mir einzureden. Hangaround, Prospect, Member, was auch immer. Irgendwie gehörte ich nun zu den Hells Angels, und das fühlte sich doch gar nicht so schlecht an. Ich stand mit meinen neuen »Freunden« an der Theke und genoss die Aufmerksamkeit, die uns zuteilwurde, als plötzlich die Tür aufging. Die drei Figuren, die dort im Eingangsbereich standen, erkannte ich natürlich sofort. Es war unverkennbar eine Abordnung des Gremium MC aus Jever. Die sollten offenbar nachsehen, ob Rot-Weiß mich auch wirklich genommen hatte. Was für Idioten. Die Typen grüßten nicht einmal, als wäre ich ein Aussätziger. Und dann kam es, wie es kommen musste: Es gab eine Schlägerei. Meine erste als 81er und dann gleich gegen meine Exkameraden von Gremium. Als sich die Jungs draußen vor dem Laden davonmachten, drehte sich einer um und rief mir laut zu: »Das ist nicht unser Spielfeld.« Von oben herab. O.K.! Die Kerle von Gremium fühlten sich wohl als etwas Besseres. Und genau in diesem Moment wusste ich, dass es die richtige Entscheidung gewesen war, diesen arroganten Scheißhaufen zu verlassen.

8. Der Sklave:
In den Fängen des Clubs

1.

Der erste Abend als Hells Angel dauerte bis in die frühen Morgenstunden. Völlig fertig schleppte ich mich in der Morgendämmerung nach Hause, denn ich hatte nach unserem Discobesuch noch nachts ins Clubhaus zurückkehren und aufräumen und abspülen müssen. Aus dem Security Chief bei Gremium war eine kleine 81er-Putze geworden. Ein Sklave, der für seine Dienste auch noch freiwillig etwas bezahlte... Und ich schämte mich nicht einmal.

Für den ersten Tag bei meinem neuen Verein stand auch schon die nächste Aufgabe an: Um halb fünf am Nachmittag, hatte es geheißen, müsse ich drei Member mit dem Auto abholen und zu einer Party chauffieren. Und das war natürlich keine Bitte! Da die Sache mutmaßlich wieder spät enden würde, wollte ich mir vorher wenigstens noch ein paar Stunden Schlaf genehmigen.

Der Nachmittag kam schneller als befürchtet, denn ich schlief fast traumlos durch. Immerhin verpennte ich nicht, was sich an meinem ersten Tag auch bestimmt richtig gut gemacht hätte. Ich fuhr gegen halb vier bei mir zu Hause in Lingen los, um rechtzeitig zum verabredeten Ort in etwa 80 Kilometer Entfernung zu kommen. Nur eine Stunde später war ich fast schon am Ziel, bog gerade in die Straße ein, die man mir aufgeschrieben hatte. Eher ein Feldweg, irgendwo am Arsch der Welt, in der Nähe von Münster. Die Uhr neben meinem Tacho zeigte 16:29, als auch schon mein Handy klingelte.

»Ey, Mann, wo bleibst du denn?«

»Ich bin ja schon in der Scheißstraße«, war meine schlichte Antwort, als ich gerade meinen Wagen parkte. Der Typ, den ich abholen musste, stieg wortlos ein. Und dann ging es auch schon weiter, 80 Kilometer nach Essen. Dann nach Krefeld – noch mal etwa 50 Kilometer, um den nächsten »Bruder« abzuholen und am Ende auf irgendeine blöde Angler-Party, bei der ich mich draußen, im

Economy-Bereich, aufhalten musste. Gewehr bei Fuß, versteht sich, denn mein kleines Taxiunternehmen war ja noch ganz neu. Da wollte man es sich mit seinen Kunden doch nicht verscherzen. Besonders nicht mit den Kunden, die für ihre Fahrten nichts bezahlten, weil der Chauffeur zu ihren Leibeigenen gehörte...

Beim Gremium MC musste man als Einsteiger natürlich auch mal ein paar Gläser spülen. Aber das war's dann auch. Wenn ich jemanden zu einer Party mitgenommen hatte, dann geschah das freiwillig. Wie es sich unter Freunden eben gehörte. Bei Rot-Weiß wurden solche Dinge nicht nur erwartet, sie wurden ganz einfach angeordnet. Das Telefon hatte immer neben dem Bett zu liegen. Von dem Tag meiner Ansage bei den 81ern an musste ich 24 Stunden am Tag, sieben Tage die Woche erreichbar sein und ohne Widerrede für sämtliche niederen Arbeiten zur Verfügung stehen.

Alles unentgeltlich natürlich: Wenn ich Ausgaben hatte, fragte keiner, ob er sich vielleicht einmal an den Spritkosten beteiligen sollte. Im Extremfall wurde ich von Lingen ins Clubhaus nach Bremen zitiert, um dort zwei schmutzige Gläser abzuspülen. 200 Kilometer Fahrt für ein bisschen Abwasch. Jedes Member im Charter hatte meine Telefonnummer bekommen. Wer keinen Bock hatte, selbst zu einem Treffen zu fahren, wer auch immer kleinere oder größere Botengänge und Arbeiten hatte, der durfte mich zu jeder Tages- und Nachtzeit anrufen und zu sich bestellen.

An diesem ersten Abend verlief dann, nachdem ich alle wie befohlen aufgesammelt hatte, alles einigermaßen ruhig. Auf der Fahrt wurde sogar ein wenig geplaudert. Es war wohl eher ein vorsichtiges Abtasten, denn die Jungs wollten natürlich in Erfahrung bringen, wer der Neue war. Der Neue, von dem man ja auch schon das eine oder andere gehört hatte. Aber ganz egal, wer ich am Ende wirklich war, die Männer von Rot-Weiß hatten einen neuen Fahrer, und nur das war wirklich entscheidend. Und dieser Fahrer war fortan für alle Member zuständig, die aus seiner Gegend kamen. Damit waren aber dummerweise das gesamte Weser-Emsland und das obere Nordrhein-Westfalen gemeint.

Auf der Party wurde ich eher kühl empfangen. »Hallo, ich bin Tom, neuer Hangaround im Charter West Side«, stellte ich mich brav den unbekannten Gesichtern vor. Manche waren freundlich, andere allerdings gaben mir nicht einmal die Hand oder schauten mich gar nicht erst an. Ich war in der Nah rungskette mal wieder ganz unten gelandet. Das wurde mir ganz deutlich signalisiert. Und es wurde minutiös darauf geachtet, die Rangordnung nicht durcheinanderzubringen. Die Member nannten sich untereinander alle »Bro«, also »Brother«, oder auch »Bruder«. Ich durfte das selbstverständlich nicht, schließlich war ich noch kein Bruder. Ich war allenfalls ein Bruder-Azubi, mehr nicht. Interne Begriffe wie der Leitspruch »AFFA« (»Angels Forever, forever Angels«) waren für mich tabu. Im wahrsten Wortsinne, ich durfte solche Dinge einfach nicht aussprechen. Also stieß man mit seinem Bier an und sagte: »Auf das, was ich nicht sagen darf.«

Und das war nun wirklich albern.

Es gab aber auch vernünftige Member, die mich als Hangaround respektvoll behandelten. Und ich war der Meinung, dass das eigentlich der richtige Weg sein musste. Denn irgendwann wurde dieser Hangaround auch einmal zum Member. Und wenn dieses neue Mitglied zwei Jahre lang wie Scheiße behandelt worden war, dann würde der vielleicht tatsächlich irgendwann zum »Bruder« – aber niemals zu einem Freund. Und ich hätte gerne Freunde gehabt, nachdem ich bei Gremium erfahren hatte, wie sehr man sich auf seine sogenannten Brüder verlassen konnte. Was wäre denn gewesen, wenn es einmal zu einer brenzligen Situation gekommen wäre? Wollte man tatsächlich einen Bruder an seiner Seite wissen, der im Zweifel zögern würde, weil er jahrelang schikaniert und zu niederen Diensten abkommandiert worden war? Aber so weit dachte ein durchschnittlicher Hells Angel eben nicht.

Man konnte diese Art der Unterwerfung auch nicht mit den Ausbildungsmerkmalen militärischer Eliteeinheiten gleichsetzen. Natürlich kam es auch dort zu entwürdigenden Maßnahmen. Die jedoch hatten in der Regel einen pädagogischen Hintergrund und sollten beispielsweise das Durchhaltevermögen der Rekruten bis in die Grenzbereiche hinein ausloten und auch optimieren. Damit am Ende erbarmungslos gedrillte und erstklassig ausgebildete Kampfmaschinen ausgespuckt werden konnten. Aber in welcher Art verbesserte das Aufwischen von Kotze oder Scheiße im Clubheim oder das Männchenmachen bei Partys den Charakter eines Motorradrockers? Würde man tatsächlich ein knallharter Hells Angel werden, der zu jeder Zeit für sich und seinen Club einstehen würde, nur weil man zwei Jahre lang die Servierdüse bei stumpfsinnigen Clubabenden gespielt hat? Das alles war am Ende nur der

Dummfick von kleinen Würstchen, die sich mit dem Deathhead auf dem Rücken ein wenig aufplustern wollten. So wie dieser Oberleutnant bei der Bundeswehr, der glaubte, die Schulterklappen machten einen guten Soldaten. Der Charakter war es, der zählte, und nicht die Sterne auf der Uniform – oder das Wappen auf der Kutte.

Morgens um vier hatten meine Fahrgäste endlich genug, und ich »durfte« sie nach Hause bringen. Drei Stunden später lag ich dann auch in meinem Bett. Neben mir mein Handy. Und ich hoffte, so sehr, wie ich selten etwas gehofft hatte, dass es nicht mehr klingelte…

2.

In den folgenden Wochen arrangierte ich mich mehr oder weniger mit meiner Situation. Hilfreich waren dabei die Medikamente, die ich seit längerer Zeit verschrieben bekam und die mich ruhig, sehr ruhig und gelassen machten. Ich nahm sie seit einer blöden Geschichte im Sommer 2004.

Damals stritt ich mich mit meiner Frau nur noch. Ich schwöre, dass ich bis heute nicht weiß, wie so etwas passieren konnte. Ich selbst habe nur noch Bruchstücke und Bilderfetzen in meinem Kopf. Sie saß am Esstisch, ich stand an der Spüle, wo auch der Abwasch lag. Sie hatte wohl irgendetwas gesagt, und ich muss daraufhin ein Messer genommen haben. Danach fehlen die entscheidenden Sekunden. Alles, was ich heute noch weiß, ist, dass sie plötzlich verletzt am Esstisch lag. Sie blutete ziemlich stark am Hals, aber es war gottlob keine tiefe Wunde.

Am folgenden Tag ging ich zu einem Psychiater. Und dem erzählte ich dann so einiges aus meinem Leben. Ich blieb im Wesentlichen bei der Schilderung meines Umganges mit Konfliktsituationen. Aber schon die wenigen Details, die ich ihm offenbarte, genügten ihm offenbar für seine Diagnose: »Aggressive Verhaltensstörung mit fehlender Selbststeuerung«. Es war schon schockierend, so etwas über sich selbst zu hören, wenngleich ich in der Vergangenheit bei allen Situationen, in denen es Schwierigkeiten gab, immer auch begründen konnte, warum ich ausgetickt war. Nur in dieser einen eben nicht…

Kapitel 8

Ich war einsichtig – und bin es noch heute – und nahm fortan meine Tabletten. Seroquel beispielsweise, ein Psychopharmakon, das eingesetzt wurde bei Psychosen, Depressionen oder bei bipolaren Störungen. Was immer das auch bedeuten mochte. Die Nebenwirkungen allerdings waren nicht ohne: Schläfrigkeit, Benommenheit, Schwindelgefühl, Kopfschmerzen, Herzrasen. Das Zeug knallte richtig rein. Einmal hatte mich ein 100-Kilo-Typ nach einer Schlaftablette gefragt. Ich gab ihm eine halbe von meinen, und der Kerl konnte zwei Tage nicht aufstehen. Mir half es, und das tut es heute noch.

Nach etwa zwei Monaten bei den Hells Angels stand irgendwann ein anderer Hangaround – ein Leidensgenosse also – bei einem Clubabend neben mir und sagte, ich solle doch mal die Tabletten weglassen. Offenbar wirkte ich ein wenig neben der Spur – ich selbst bekam das alles ja gar nicht mehr richtig mit. Der Typ hieß Andree und schien sich wirklich für mich zu interessieren, was ja nun in der Vergangenheit nicht allzu oft vorgekommen war. Wir freundeten uns an, und heute weiß ich, dass ich zu jener Zeit vielleicht besser nicht auf ihn gehört hätte. Aber ich tat es damals – und setzte meine Tabletten wieder ab.

Und zunächst funktionierte es ganz gut. Bis zu einem offenen Abend, an dem ich mal wieder meinen berühmten Tresendienst hatte. An der Bar stand den ganzen Abend schon ein Gast, der offensichtlich einem anderen MC angehörte. Es war offener Abend, also durfte er da auch stehen. Allerdings nicht so blöd, wie es dieser Typ tat. Dachte ich. Denn wann immer ich an ihm vorbeimusste, um eine Bestellung aufzunehmen, war ich gezwungen, mich an dem Kerl vorbeidrücken zu müssen. Er war offensichtlich angetrunken, um nicht zu sagen, er war ziemlich besoffen. Und jedes Mal, wenn ich an ihm vorbeigehen musste, packte er mir in die Haare und sagte so etwas wie: »Ey, ich find dich niedlich.«

Ich schaffte es, ruhig zu bleiben, und sagte mir: »Tom, alles o.k., das ist ein Gast des Clubs, cool bleiben.« Allerdings gab ich ihm auch zu verstehen, dass er umgehend mit der Scheiße aufhören sollte. Aber er ließ es leider nicht bleiben. Der Typ wollte mich provozieren. Wollte testen, was sich der dämliche Hangaround und Möchtegern-Engel so alles gefallen ließ.

Ich war in einem Dilemma, denn was sollte ich tun? In meinem früheren Leben wäre der Idiot längst auf dem Weg ins Krankenhaus gewesen. Aber hier? Als Gast von Rot-Weiß? Und ich der Frischling? Eine schwierige Entscheidung.

Zumal der Vogel einfach nicht aufhören wollte. Er griff mir noch zweimal in die Haare. Und dann passierte es.

Ich stürzte mich auf ihn, schlug ihn mit dem Ellenbogen aufs Nasenbein, knallte seinen Kopf gegen die Wand und trat noch zweimal in ihn rein, als er schon am Boden lag. Ich nagelte ihn derart weg, dass er wie ein angestochenes Schwein blutete. Es war ein Rausch. Ich konnte gar nicht mehr aufhören, bis mich schließlich ein Member entschlossen von hinten festhielt und ich mich schlagartig wieder beruhigte. Ich ging nach draußen vor die Tür, atmete mehrfach tief durch und kam in der frischen kalten Winterluft schnell wieder zu mir. Als plötzlich die Tür aufging und ein anderes Member herauspolterte, dachte ich mir schon, dass es jetzt wohl richtig Ärger geben würde, und ich rechnete fest damit, umgehend aus dem Club zu fliegen. Aber der Typ sagte nur: »Gute Nummer« und ging wieder nach drinnen. Ich sah noch, wie ein anderer Hangaround den blutenden Schwachkopf ins Krankenhaus brachte, und damit war die Sache für mich erledigt. Dachte ich.

3.

Obwohl kaum noch Worte darüber verloren wurden, hatte dieser Ausraster für mich doch noch Konsequenzen: Ich wurde einem neuen Mentor zugeordnet. Auch bei den Angels gab es für alle Hangarounds und Prospects einen Aufpasser oder auch Ratgeber. Das war meistens ein langjähriges Member, das wusste, wo es langging. Oder zumindest glaubte, das zu wissen. Mein Mentor hieß Acid und war ein veritabler Vollpfosten. Ich hatte ihn in der ganzen Zeit, also den vielen Wochen zwischen meiner Ansage und dem Ausraster, kein einziges Mal angerufen. Nach diesem kleinen Zwischenfall übernahm dann aber ein anderer meine »Betreuung«: der Sergeant at Arms des Charter West Side.

Und das war ein extrem unangenehmer Typ. Sein Spitzname war »Dauersauer«, weil er nie lachte, und wenn er es doch mal tat, dann wirkte es häufig gestellt. Offiziell war er arbeitslos – inoffiziell jedoch ein Zuhälter. Und unter seiner Knute sollten für mich fortan die guten Zeiten nur noch in meinem Langzeitgedächtnis eine Rolle spielen. Es war Zeit für den größten Dummfick meines Lebens ...

Kapitel 8

Mein Telefon klingelte fortan fünf- oder sechsmal pro Tag! In der Regel hatte er es nur einmal klingeln lassen, denn das war das Signal, dass ich ihn sofort zurückrufen musste. Ein Fuchs, dieser Sergeant, der auf diesem Weg auch noch Telefonkosten sparen und somit auch seinem zweiten Spitznamen gerecht werden konnte: »Dagobert Duck«.

Nach einigen Wochen schien ihm aber auch das zu blöd geworden zu sein, und ich musste mir ein E-Plus-Handy mit Base-Vertrag zulegen. Nur damit der feine Herr jederzeit kostenlos mit mir telefonieren konnte. Und ab diesem Zeitpunkt war es dann ganz vorbei mit dem letzten Rest von Ruhe und Beschaulichkeit. Mit dem neuen Handy bestand für ihn keine Notwendigkeit mehr, sich auf das Wesentliche zu beschränken. Wir hatten eine Flatrate – und dieser Begriff stand nicht nur für die Gebühren, sondern vor allem auch für die flachen Inhalte, die der Sergeant Tag für Tag via Telefon zu transportieren hatte. Es kam sogar vor, dass er mich wegen einer Belanglosigkeit anrief, mich zulaberte, dann zum Kacken ging, während ich am anderen Ende am Hörer auf ihn warten musste, bis er mit seinen dunklen Geschäften wieder fertig war.

Dummerweise hatte er auch mitbekommen, dass ich mich mit Computern ganz gut auskannte. Und so drehte sich eine erkleckliche Zahl von Anrufen um das Thema »Mein Windows läuft nicht, was muss ich machen?«. Wenn ich Glück hatte, konnten wir das Problem fernmündlich lösen. Hatte ich weniger Glück, musste ich nachts um zwei in mein Auto steigen, von Lingen nach Bremen fahren, um ihm seinen verkackten Computer wieder zum Laufen zu bringen. Und wenn es ganz blöd lief, durfte ich seine Software neu installieren, und das dauerte bei seiner alten Möhre schon mal drei bis vier Stunden. Immerhin hat er mich dann zum Essen eingeladen. Was eigentlich so nicht stimmt. Er hat mich dann eingeladen, mit ihm zum Essen zu fahren. Ich durfte dabei sein, wenn er speiste. Weil ich in der Regel nicht genug Geld dabeihatte, da er mich mal wieder spontan irgendwo herausgerissen hatte, oder ich ganz einfach abgebrannt war, weil mein ganzes Geld für das 81er-Taxi draufging. Und dann musste ich ihm bei einem Glas Cola beim Fressen zusehen. Wie in einem schlechten Mafia-Filmchen.

Währenddessen wurde ich dann von ihm abgefragt. Das hieß, ich musste wissen, in welchen Städten die Hells Angels ein Charter hatten oder wann welches Charter gegründet worden war. Volkshochschule für Rot-Weiß-Hänger.

Ich hatte natürlich meistens keinen Schimmer, weil es mich auch nicht im Geringsten interessierte. Und das brachte den kleinen Mann dann richtig auf die Palme. – »Das musst du doch wissen, Mann, wenn du bei uns etwas werden willst.«

Der Sergeant erzählte mir auch immer wieder dieselben Geschichten, die ich doch gar nicht hören wollte. Oder bereits aufsagen konnte, wie ein bescheuertes Gedicht in der Schule. Wenn ich als Hangaround oder besser Clubsklave den Grill im Garten vor dem Angel's Place putzen musste und zwei Tage an dem Teil rumgeschrubbt hatte, weil über zwei Jahre kein Mensch das Ding gesäubert hatte, grinste er mich an und erklärte mir, dass er seinerzeit direkt als Prospect eingestiegen und sofort zum Member aufgestiegen sei. Und warum? Das erfuhr ich erst viel später: weil er Drogen an Minderjährige vertickt hatte und deshalb vorbestraft war. Eine bei den Hells Angels vorteilhafte Zusatzqualifikation, die mir aber gottlob fehlte.

4.

Das Dümmste an diesen ganzen Schikanen und Frondiensten war, dass ich nebenbei weder die Zeit noch die Nerven gehabt hätte, einem richtigen Job nachzugehen. Was in Anbetracht meiner finanziellen Lage aber dringend nötig gewesen wäre. Bis zu meiner Zeit als Hangaround hatte ich unter anderem als Ausbilder für das Wachpersonal der Justizvollzugsanstalt in Büren gearbeitet. Ich brachte den Schließern an einigen Samstagen bei, wie sie sich selbst zu wehren hatten – »Berufsbezogene Selbstverteidigung« nannte man das –, und ich muss wohl nicht weiter erklären, dass mir diese Art des Prügelns bestens vertraut war. Den Job konnte ich vergessen, weil ich fortan samstags das Clubhaus zu putzen hatte.

Es war tatsächlich so, wie ich es zuvor hinter vorgehaltener Hand immer mal wieder gehört hatte: Das Aufnahmeverfahren bei Rot-Weiß war im Grunde ein Fulltimejob.

Die Tür zum Member-Bereich blieb mir natürlich weiter verwehrt. Von Gremium wusste ich zwar, dass in den streng abgeschirmten heiligen Hallen nur Gespräche auf Kleingärtnerniveau stattfanden. Und doch interessierten mich natürlich die ominösen Meetings hinter verschlossenen Türen, die nur dann aufgestoßen wurden, wenn einer der Hangarounds am Ende eines Abends die Schweinereien wieder beseitigen musste. So dämlich waren die Member dann doch nicht, als dass sie einen Hiwi wie mich zum Servieren hereingelassen hätten. Denn man hätte dort vielleicht Dinge sehen können, die sich mit den sogenannten World Rules nicht in Einklang befanden. Und auf diese sollten wir ja eines Tages noch unseren Eid schwören. Dabei brauchte man sich die Typen, die da oben rauskamen, nur anzusehen. Nicht selten tropfte den Vögeln das Blut aus der weiß verzuckerten Nase. Und dann wurde uns stets gesagt, es handle sich um eine Allergie...

Mir war das eigentlich völlig gleichgültig. Sollte sich doch jeder den Verstand wegkoksen. Nicht egal war mir indes, dass ich dort ständig bis Samstag in der Früh herumhängen musste. Manchmal, bei größeren Anlässen sogar durch bis Sonntag. Um danach verkokste, besoffene oder anderweitig derangierte Typen nach Hause zu fahren. Und natürlich, um danach die Scheißhäuser und Clubräume wieder auf Hochglanz zu bringen. Das alles war mir reichlich zuwider. Und doch blieb ich dabei.

Das Schlimmste jedoch war, dass ich mir dabei verarscht vorkam. Wer einen festen Job hatte, war auf wundersame Weise von vielen Arbeitsdiensten befreit. Anfangs war das noch okay, da wurden alle gleich behandelt: Ein anderer Hangaround war etwa in Bremen im Hafen für das Beladen von Containern zuständig. Wenn der um 19 Uhr Feierabend hatte, musste er trotzdem immer um 19.30 Uhr beim Clubabend sein. Ein anderer Prospect war Zuhälter und hatte auf dem Straßenstrich ein paar Mädels laufen. Der hatte logischerweise mehr Zeit als andere und wurde entsprechend häufiger eingespannt. So wie ich auch. Nur, irgendwann schien ich der Einzige zu sein, der immer »konnte«. Dass ich aber auf diese Weise auch kaum noch eine Chance hatte, je wieder einen vernünftigen Job zu finden, interessierte keinen.

Und ich zahlte weiterhin ordentlich drauf. Da waren einerseits die üppigen Spritrechnungen für meine unzähligen Kurier- und Beförderungsfahrten. Aber es gab auch noch ganz andere Posten in meiner »Buchhaltung«, die mich an den Rand meiner finanziellen Möglichkeiten gebracht hatten. Bei der freitäglichen Member-Versammlung wurde regelmäßig in der großen Runde beim Pizzadienst oder beim Chinesen eine Bestellung aufgegeben. Wenn das Essen angeliefert wurde, musste der Hänger natürlich den Kurier unten an der Tür ausbezahlen. Bei 20 Pizzen kamen da schnell einmal knapp 200 Euro zusammen – die man selbstverständlich nie wieder zurückbekam.

Irgendwann ging es einfach nicht mehr, und ich war wirklich pleite. Ich hatte meinen 5er BMW aus besseren Zeiten längst verkauft und gegen einen wackligen Opel Calibra für 1000 Euro eingetauscht. Mir stand nach wenigen Monaten als Hangaround bei den Hells Angels das Wasser derart bis zum Hals, dass ich kaum noch weiterwusste. Zustände, die man sonst eigentlich nur aus lustigen Berichten über gutgläubige und naive Sektenopfer kannte...

Die meisten Angler verdienten tatsächlich gutes Geld. Sie hatten »normale« Berufe, teilweise sogar als Beamte oder Zahnärzte. Ein Bremer machte sein Geld mit Heizdeckenverkäufen auf Kaffeefahrten und beschäftigte einige Angler aus dem Charter in seinem Abzockerunternehmen. Halbsenile Rentner abziehen und ihnen ein billiges Heizdeckchen für 2000 Euro andrehen oder Wundertabletten für einen Riesen, die im Einkauf gerade einmal 27,95 Euro gekostet hatten – das war nicht mein Ding.

Einige Member verdienten ihr Geld im Rotlichtgewerbe, betrieben ein Bordell oder hatten zumindest ein paar Nutten laufen, die für sie anschafften. Davon bekam man als Hänger schnell etwas mit, denn die meisten brüsteten sich bei der Ausübung ihrer »Geschäfte« mit ihrem großen Club im Hintergrund. Und wann immer etwas verrutschte, irgendwelche besoffenen Freier oder sonstige Schläger Ärger machten, dann mussten die Hells Angels ran. Soll heißen, die Hangarounds und die Prospects, denn die Member machten sich nur selten die Hände schmutzig. Die Anfänger mussten bei der Regelung dieser schmutzigen Geschäfte regelmäßig ihren Arsch riskieren. Denn sie hatten schließlich ein Ziel: Sie wollten Mitglied in diesem feinen Club werden – sie wollten irgendwann auch ein Hells Angel sein.

Ähnlich lief es auch, wenn es um Aktionen gegen andere Clubs ging, besonders gegen die Bandidos. Die Member ließen solche Jobs vom Fußvolk erledigen. Am Ende standen die Hangarounds oder Prospects mit einem Bein im Knast, weil sie einen Taco mit dem Baseballschläger vom Motorrad holen mussten oder mit dem Auto ein Bike von der Straße drängten. Die hehren Member ließen sich solche Geschichten in entspannter Atmosphäre später dann berichten. Gut gemacht! Aus uns würde bestimmt noch etwas werden!

Kapitel 8

War es nicht merkwürdig, dass die Hells Angels oder die Bandidos regelmäßig Verluste zu beklagen hatten, weil ein Member bei einem Motorradunfall tödlich verunglückt war? Signifikant viele tödliche Bikeunfälle in zwei Clubs, bei denen Motorräder fast keine Rolle spielten? Die Jungs saßen doch so gut wie nie auf ihren Bikes, und wenn, dann schlichen sie in schwuler Formation über die Straßen. Und gleichwohl knallte regelmäßig ein Bandido oder ein 81er in die Leitplanken oder gegen Bäume? Einfach so. Und dann, kurz nach so einem solchen unverhofften Unfall, kommt komischerweise einer von der Gegenseite zu Fall? Auch einfach so. Schon erstaunlich, was es doch für Zufälle gibt!

Im Januar 2006 kam Jürgen als Hangaround dazu. Ein veritables Arschloch, das telefonisch nie erreichbar war und somit auch keine Fahrdienste übernehmen musste. Beim Clubabend jedoch gemütlich um halb neun in Begleitung anderer Member angerauscht kam und sich gepflegt um elf schon wieder verabschiedete. Dass musste man sich mal vorstellen: Ich ackere seit dem Nachmittag – aufräumen, sauber machen, Tisch decken, Klos putzen, Grill anschmeißen, und wenn es oben dann aussah wie im Augiasstall, meinte unser Jürgen nur: »Ciao, ich geh jetzt.« Und weg war er. Das wurde geduldet, und ich hatte keine Ahnung, warum er diese Protektion im Club genießen durfte. Und dann wurde diese Fotze auch noch vor mir zum Prospect befördert, ohne etwas dafür zu tun, und mir platzte fast die Krawatte. In diesem Scheißclub war keine Linie zu erkennen, aber ich war mal wieder in meinen Prinzipien gefangen: Was ich anfing, brachte ich auch zu Ende.

Und ich war ja immer noch auf der Suche. Das Leitmotiv meines ganzen Lebens. Ich wollte dabei sein und wollte die Illusion einer ehrlichen, aufrechten und familiären Gemeinschaft einfach nicht aufgeben. Und so räumte ich eben wieder alleine auf. Den Clubraum hatte ich zuvor schließlich auch schon im Alleingang hergerichtet, alles blank geputzt und in akkuraten Abständen immer vier mal sechs Flaschen an Getränken auf den Tisch gestellt: Becks, Becks Gold, Becks Lemon, Becks Alkoholfrei, Cola, Sprite. Und zwei Stunden später sah der Raum aus wie Dresden 1945. Pizzakartons quer über den Tischen, teilweise klebten ganze Pizzastücke, Salami und Tomatensoße auf dem Tisch. Dazu Seenlandschaften aus Bier und Cola, schön klebrig über den Boden verteilt,

Zigarettenkippen überall, nur nicht in den Aschenbechern. Alles versaut und verschmiert. Es sollte Stunden dauern, bis das Schlachtfeld gereinigt war. Aber ich war ja blöd genug, diese Drecksarbeit anstandslos zu machen.

9. Der Verbrecher: Das Ende der Bremer Bandidos

1.

Im Januar 2006 saßen Kai, Daniel und ich in Bremen in der Gaststätte »Strand«. Ich übernachtete zu jener Zeit häufig in Kais Haus, um stets rechtzeitig zu meinen Dienerjobs bei unserem Sergeant at Arms zu kommen. Eigentlich wohnte ich zu jener Zeit in Lingen und hatte – wenn die berühmten Anrufe des Sergeants kamen – rund 150 Kilometer für einen Weg zu fahren, nur um vielleicht mal kurz seinen neurotischen Köter Gassi zu führen. Das kostete Zeit und vor allem viel Geld, das ich natürlich nicht hatte, da ich als Hangaround bei den Angels quasi einer Vollzeitbeschäftigung nachging. Einer unbezahlten, versteht sich. Kai indes hatte sich ein Haus in der Nähe von Bremen gemietet, und bei ihm konnte ich gottlob gelegentlich übernachten.

Wir hatten kaum unsere Getränkebestellung aufgegeben, als die Tür zur Gaststätte aufging und unverhofft »hoher Besuch« eintrat: der Sergeant höchstpersönlich. Er bestellte nichts – das überließ der große Führer immer einem von uns –, setzte sich hin und beugte sich bedeutungsschwer über den Tisch. Es sah mal wieder nach einem wichtigen Auftrag aus, und ich fragte mich kurz, ob es um seinen Hund, seine Alte oder um ihn selbst gehen würde. Vielleicht ein kleiner Fahrdienst zu einer Clubbesprechung außerhalb? Oder galt es, bei ihm zu Hause die Getränkevorräte aufzufüllen? Irgendwas in der Art musste es sein.

»Es geht um die Hüte, Männer«, sprach er leise. Er meinte also die »Bandidos« und dachte ausnahmsweise einmal nicht an eine seiner unzähligen Privatangelegenheiten.

»Ich will, dass ihr den Präsidenten der Tacos beschattet. Und zwar Tag und Nacht. Ich will wissen, wann er aufsteht, wann er scheißen geht, wann er seine

Alte flachlegt und wann er sich mit seinen Pissnelken trifft. Ich will alles über diese blöde Fotze erfahren!«

Das klang cool. Endlich mal ein gescheiter Auftrag und nicht wieder so ein dämlicher Haushalts- oder Sklavenjob.

»Und was sollen wir mit ihm tun?«, fragte ich den Sergeant.

»Das habe ich doch eben gesagt: Ihr klebt euch an seine Fersen – und wenn sich die Möglichkeit ergibt, haut ihr ihn natürlich weg! Und ihr erstattet mir ständig Bericht, habt ihr verstanden!?«

Wir hatten verstanden. Es ging also um Heino B., den Typen, der bereits bei den »Harley Days« schwer auf den Sack bekommen hatte. Angeblich sei der Taco damals, als der Gremium MC das schöne Ostfriesland wieder von den »Bandidos« gesäubert hatte, mit einer Platzwunde am Kopf von der Polizei ins Krankenhaus gebracht worden, und erst dort hatte man feststellen können, dass der Typ einen lebensbedrohlichen Messerstich im Bauch hatte. Der Taco – und dafür hat er meinen vollen Respekt – hatte die Verletzung seinerzeit verschwiegen. Wie sich das in Rockerkreisen auch gehörte. Solche Probleme löste man in der Regel ohne die Bullen – ob man nun Opfer oder Täter war...

Und nun sollten also wir den Taco-Präsi noch einmal in die Zange nehmen. Oder zunächst einmal observieren. Wie auch immer, die Sache fing an, mir zu gefallen.

Die notwendigen Adressen bekamen wir von unserem Sergeant geliefert, und schon am folgenden Tag saßen wir morgens um fünf vor der Bude des Hut-Trägers. Und das ging in der Folgezeit über viele Wochen so. Am Morgen warteten wir, bis der Typ aus dem Haus ging, dann folgten wir ihm im Auto zu seiner Arbeit, und abends ging die ganze Fahrt wieder zurück. Falls wir ihn nicht verloren hatten, was leider auch schon mal vorkam. Beim Rapport gab es jedes Mal einen Anschiss vom Sergeant, wenn einer von uns ihm den Tagesbericht durchgeben musste. Es hagelte Vorwürfe, warum dieser Pisser überhaupt noch Zähne habe und dergleichen, aber tatsächlich hatte sich in all den Wochen keine richtige Gelegenheit ergeben, den Vogel ordentlich umzuklatschen. Davon abgesehen, erschloss sich uns die ganze Sache auch nicht richtig. Okay, der Typ war bei den Hüten, aber musste man ihn deswegen mit drei Mann weghauen? Nach einer glorreichen Geschichte sah das nicht aus.

Kapitel 9

2.

Im März 2006, die Überwachung des Tacos war in der Zwischenzeit beendet worden, bekam ich einen Anruf von Kai. Er erklärte mir, dass eine Aktion bevorstehe, bei der auch Member teilnehmen würden. Ich solle in voller Montur zu dem Haus von einem Member kommen, und dort würden wir alles Weitere erfahren.

Zunächst war ich etwas angepisst, denn durch diese ganze Überwachungsscheiße hatte ich über Wochen hinweg meine Familie vernachlässigen müssen. Aber die Tatsache, dass auch Member bei dieser »Aktion« dabei sein würden, gab der ganzen Sache die Form eines Befehls. Normalerweise machten sich die Fullmember ihre Hände nur ganz selten schmutzig. Die Drecksarbeit – ob nun Schutzgelder abkassieren, Nutten zurechtweisen oder mal ein paar Typen mit erzieherischen Maßnahmen wieder auf den rechten Weg zu bringen – machten eigentlich immer die Hangarounds und die Prospects. Mit solchen Aufträgen konnte man leicht Punkte machen und mitunter auch einmal die Aufstiegsleiter etwas schneller nehmen.

3.

Nur einen Tag nach diesem Anruf, am 22. März 2006, trafen wir uns in Kais Haus. Ich trug schwarze Klamotten ohne jegliche Clubinsignien oder Aufdrucke und war an diesem Tag auch unbewaffnet. Es hatte schließlich im Vorfeld geheißen, dass die »Ausrüstung« gestellt werden würde. Das war eine Maßnahme – so konnte ich später erfahren –, mit der man verhindern wollte, dass »Waffen mit einer Geschichte« ins Spiel gelangen konnten. Was nutzte die beste Tarnung, wenn irgendeine Dumpfbacke ein Messer oder eine Knarre dabeihatte, auf denen haufenweise Fingerabdrücke oder gar Spuren von vergangenen »Aktionen« zu finden gewesen wären?

Wir fuhren von Kai aus in meinem weißen Opel Calibra nach Delmenhorst zu dem Rohbau des Hauses eines anderen Members und trafen dort auf eine ganze Gruppe unserer Jungs. Ich hatte ein paar Walkie-Talkies im Gepäck, die ich mitnahm, weil der Sergeant es mir kurz zuvor noch aufgetragen hatte. Insgesamt waren wohl an die zehn Männer in dem Rohbau, und wir alle warteten auf eine ordentliche Lagebesprechung. Stattdessen erhielten wir jedoch nur ein paar Axtstiele und schwarze Sturmhauben von der Sorte, wie sie Biker gerne unter dem Helm tragen, wenn es mal ein wenig zu kühl ist.

Keiner wusste, worum es ging. Ich war mir ziemlich sicher, dass es eine Aktion gegen die Tacos werden würde, zumal wir ja über Wochen hinweg deren Präsidenten beschattet hatten. Aber gesagt wurde noch immer nichts. Wir wurden lediglich aufgefordert, unsere Handys in Delmenhorst zu lassen. Auch das war für mich ein klares Zeichen dafür, dass es sich möglicherweise um eine größere Angelegenheit handelte. Unsere Mobiltelefone ließen wir immer dann zurück, wenn die Gefahr bestand, dass die Polizei später unsere Daten checken und im dümmsten Fall herausfinden könnte, an welchen Mobilfunkmasten unsere Telefone eingeloggt waren. Bei besonderen Einsätzen galt deshalb immer: keine Handys und keine Navigationssysteme. Und wer sich über einen Routenplaner im Internet eine Wegbeschreibung ausdruckte, tat das nie von einem eigenen Rechner aus. Genau für solche Zwecke gab es schließlich Internetcafés.

4.

Ich stieg mit ein paar anderen Jungs in den Laderaum eines weißen Mercedes-Lieferwagen, und die Fahrt ging los. Wir hatten noch immer keinen Schimmer, wo die Reise überhaupt hinging. Die Karre hatte hinten im Laderaum, wo wir mit dem Rücken zur Seitenwand auf dem Boden saßen, zwar Fenster, aber die waren zu weit oben angebracht, sodass wir nicht nach draußen sehen konnten. Irgendwann hielt der Wagen an und stieß rückwärts in eine Halle. Es muss so gegen 16 Uhr gewesen sein. Die Türen des Mercedes wurden von außen geöffnet, und wir standen unvermittelt in einer fremden Werkstatt. Noch immer wurde kein Wort gesprochen. Direkt neben unserem Fahrzeug parkte noch ein schwarzer Vito, bei dem das Heckkennzeichen mit braunem Packpapier überklebt war. Es gab also offenbar einen Masterplan. Für was, wussten wir in jenem Moment noch immer nicht.

Kapitel 9

»Es geht los«, sagte ein stämmiger Typ unter seiner Sturmhaube, und ich erkannte sofort die Stimme des Sergeants. Das war nun eine echte Überraschung. Dass er bei einer Aktion wie dieser dabei sein würde, war außergewöhnlich. Der Typ spielte zwar bei jeder Gelegenheit den großen Macker, aber etwas Handfestes hatte ich von ihm bis dahin noch nicht gesehen. In Delmenhorst war unser Sergeant noch nicht dabei gewesen, also schloss ich, dass er und ein paar andere, die nun plötzlich auch in der Werkstatt herumstanden, möglicherweise mit dem schwarzen Vito angereist waren.

Wie auch immer, insgesamt zählte ich 15 Mann. Mich eingeschlossen. Der weiße Lieferwagen wurde wieder aus der Halle gefahren, und als hierfür das Tor für einen Augenblick geöffnet wurde, konnte ich kurz den Schriftzug »Bandidos MC« auf einem Schild mir gegenüber erkennen. Das sah mir ganz nach dem Clubheim der Bremer Banditen aus. Ich lag also richtig mit meiner Vermutung – es ging gegen die Tacos!

Ich schaute mich ein wenig in der Halle um und entdeckte in einer Ecke einen Videorekorder mit Monitor. Als Sicherheitsexperte erkannte ich natürlich sofort, dass diese Geräte zu einer Überwachungsausrüstung gehörten. Hübsche Filmaufnahmen konnten wir bei dieser Geschichte eigentlich nicht gebrauchen.

»Ist alles geregelt!«, sagte der Sergeant, als er mich vor dem Monitor stehend erblickte. »Das Ding ist aus.«

In der Werkstatt indes lief zu meiner Überraschung ein »Zivilist« ohne Sturmhaube rum, der sich ständig leise und offenbar bedeutungsschwer mit dem Sergeant unterhielt. Ich kannte den Typen nicht und hatte eigentlich nur eine Erklärung: Ihm musste wohl diese Werkstatt gehören. Aber warum nur konnte sich diese Pfeife hier so frei bewegen?

Der Sergeant ging mit dem fremden Mann zu einem kleinen Schlitz im Werkstatttor und bedeutete ihm, durch die Öffnung hindurch den Hof zu beobachten und uns Meldung zu erstatten, sobald einer der Hüte auftauchte. Die Sache fing an, mir zu gefallen. Eine schöne, kleine Partisanenaktion, wie man sie bislang nur aus dem Fernseher kannte.

Und dann ging es auch schon los…

5.

Wir befanden uns also gleichsam hinter den feindlichen Linien, um es militärisch auszudrücken. Und nicht nur das. Wir legten einen Hinterhalt, mitten in der Kommandozentrale unserer Gegner. Einer unserer Männer saß wohl außerhalb des Gebäudes, vermutlich an der Zufahrt zu dem Werkstattgelände in dem weißen Lieferwagen, um über Funk dem Sergeant zu melden, wenn sich jemand dem Grundstück näherte. Und es sollte nicht lange dauern, bis auch schon der erste Taco ahnungslos in sein Verderben lief.

Der Sergeant hatte unmissverständlich die Devise ausgegeben, »ordentlich hinzulangen«. Alle wussten, was das zu bedeuten hatte. Diese Ansage konnte alles beinhalten: tot oder lebendig – nicht mehr und nicht weniger. Wenn einer für immer liegen geblieben wäre… Pech!

Und schon knackte es im Funkgerät des Sergeants, und nur wenig später gab auch der Werkstattbesitzer, der noch immer durch den kleinen Schlitz in der Tür nach draußen gaffte, das Zeichen. Er drehte sich vorsichtig zum Sergeant um, nickte ihm kaum merklich zu und richtete seinen Blick wieder zurück auf den Sehschlitz.

Wir stürmten mit sechs oder acht Mann aus der Autowerkstatt und erwischten den ersten Bandido, als er gerade die Tür zu dem Vereinsheim öffnen wollte. Die Sache ging unglaublich schnell. Der Typ schnallte gar nicht, was da auf ihn zurollte, und lag in Nullkommanichts stöhnend im Dreck. Wie es uns angewiesen worden war, zogen wir den Schwachkopf, so schnell es nur ging, in die benachbarte Werkstatt, Tor zu, und dann ging auch schon die Individualbehandlung los.

Als Erstes bekam der Kerl einen Axtstiel über den Schädel gezogen. Der Typ war sofort schachmatt. So war es dann auch kein größeres Problem, seine Arme und Beine mit Kabelbindern zu fixieren. Irgendeiner aus unserer Runde rief noch: »Brecht ihm die Beine! Los, brecht ihm seine scheiß Beine!« Und auch dieser Befehl wurde befolgt.

Kaum waren wir mit dem ersten Taco fertig, kam schon das Zeichen für den zweiten Überfall. Wie am Fließband, dachte ich mir, als wir wieder aus der Werkstatthalle stürmten.

Kapitel 9

Die Sache lief fast noch eine Spur besser als beim ersten Banditen, obwohl es mir so vorkam, als hätte der Typ bereits eine Vorahnung gehabt. Als wir aus der Werkstatt gestürmt kamen, ging der Kerl sofort in Abwehrstellung – allerdings ohne jede Chance. Wir waren schon eingespielt, und die ganze Geschichte bekam eine gewisse Routine: ein Schlag auf die Mütze, rein in die Halle, Tor zu, Kabelbänder, Hände auf den Rücken und dann Gangbang mit Axtstielen und Stiefelspitzen. Den besinnungslosen Typen legten wir wie einen Müllsack einfach auf seinen Taco-Kollegen drauf. »Ein Haufen Scheiße«, sagte einer im Vorbeigehen und lachte sich über seinen eigenen Witz fast kaputt. Ich schaute auf den Boden, und erst jetzt erkannte ich, welcher dicke Fisch uns da gerade ins Netz gegangen war: Heino B., der Bandido-Präsident höchstpersönlich!

Der »Zivilist« am Tor wirkte immer verstörter. Was er da zu sehen bekam, war eigentlich wie Hollywood. Das Ganze hatte nur einen Haken: Dies hier war kein Film! Es roch nach Bremen – und es stank zum Himmel!

Nummer drei lief kurz nach seinem Präsidenten nichtsahnend in den Hammer. Wie ich später erfahren konnte, waren die beiden zusammen zum Clubhaus gefahren. Während der Herr Präsident sein kleines Reich betreten wollte, war Taco Nummer drei noch kurz bei Lidl, um sich ein paar Kippen zu kaufen. Er folgte aus diesem Grund seinem Herrchen erst 15 Minuten später. Was am weiteren Verlauf seines Abends indes nichts ändern sollte: auf die Mütze, fesseln und wieder auf die Mütze. Und die Beine natürlich! Primärziele waren – außer dem Kopf – immer auch die Beine dieser Freizeitrocker. Ein Knochenbruch tat saumäßig weh, führte aber nur selten zum Tod. Und was gab es Schöneres, als seine Opfer später mit Krücken herumschleichen zu sehen. Eine wunderbare Form der Demütigung...

Nummer vier und fünf können eigentlich zusammen abgehandelt werden. Auch diese Typen wurden nach bewährter Manier in der Werkstatthalle untergebracht und erstversorgt – so, wie wir es mit den drei anderen Kollegen auch gemacht hatten.

Geredet wurde bei der ganzen Aktion kaum ein Wort. Wir hatten zuvor die Anweisung bekommen, möglichst unsere Klappe zu halten, denn die Gefahr, dass einer von uns hätte identifiziert werden können, bestand natürlich immer. Man mochte sich nicht, aber man kannte sich. Die meisten von uns zumindest.

Am Ende wurde der Werkstattbesitzer in einen Nebenraum gezerrt und gefesselt. Die Ansage an ihn war klar und deutlich: 20 Minuten mindestens! Vorher sollte er die Bullen nicht anrufen. Sonst…

Ich denke, er wusste, was auf das »sonst« gefolgt wäre. Der Mann nickte eilfertig, streckte seine Hände hin und ließ sich ohne Gegenwehr fesseln. Allerdings so nachlässig, dass er sich ohne größeren Aufwand schon bald wieder befreien konnte. Was mir, wie so vieles an diesem Abend, äußerst merkwürdig vorkam.

6.

Als alle fünf Tacos außer Gefecht gesetzt und gefesselt waren, gingen wir daran, das Bremer Bandidos-Chapter nach allen Regeln der Kunst aufzulösen. Zunächst einmal wurden den Hüten sämtliche Gegenstände mit Clubinsignien abgenommen. Der Präsident musste sich von seinem Member-Shirt und einer Bandidos-Gürtelschnalle verabschieden, einem anderen Typen nahmen wir eine Geldbörse mit dem Bandidos-Emblem ab. Die 70 Euro Inhalt teilte sich ein Member mit mir »gerecht« auf: Er bekam 50 Euro und ich als Hänger 20. Das beschissene Hierarchiedenken musste wohl immer gewahrt werden, ganz egal, in welcher Situation.

Dann knöpften wir uns einen der Tacos gesondert vor. Mit einem Messer am Hals wurde er in das Clubheim geführt und dort gezwungen, den Tresor zu öffnen. Mit zittriger Hand stellte der Vogel die Zahlenkombination des Safes ein und öffnete eilig die Stahltür. Und was fanden wir da? Nichts. Ein paar Bandidos-Patches und ein bisschen Kleingeld, mehr nicht.

Der Inhalt des Tresors kam uns so armselig vor wie das gesamte Clubheim. Das ganze Ding war in einer schäbigen Halle auf einem noch fieseren Areal untergebracht. Draußen auf dem Hof sah es aus wie auf einer Müllhalde. Kaputte, ausgeschlachtete Autos, rostige Tonnen, Schutt und dazwischen ein paar Gänse, die alles vollkackten. Das Clubheim selbst war im Vergleich zum Angel's Place in Bremen eine Sozialunterkunft. Alles verdreckt, abgeschabte Sitzmöbel, Tarnnetze an Decken und Wänden, ein alter Kachelofen, der vermutlich gar nicht funktionierte, versiffte Scheißhäuser und Möbelteile, wie frisch vom Sperrmüll geholt.

Das sollte allen Ernstes das Clubhaus des Chapters eines großen MCs sein? Ich fürchte, es fiel gar nicht weiter auf, dass wir mit unseren Axtstielen noch ein wenig Altbausanierung betrieben hatten und das eine oder andere Vitrinenteil seiner finalen Bestimmung übergaben. In diesem elendigen Drecksloch war am Ende gar nicht viel kaputt zu schlagen...

Als der Safeöffner, bei dem es sich um den Secretary des Clubs handelte, wieder gefesselt und zu seinen jämmerlichen Kameraden zurückgebracht worden war, bekam der arme Kerl auch noch ein Messer an seine Wange gehalten. Der Typ blutete ohnehin schon wie ein Schwein und machte sich beim Anblick des Messers fast nass. Dann sagte einer von uns: »Das Messer muss hierbleiben!«

Alle im Raum wussten, was das zu bedeuten hatte. Würde dieses Messer zurückbleiben, dann nur im Bauch eines Tacos. Mit einem Mal wurde es ganz still. Bis der gefesselte Secretary, noch immer das Messer vor seinen blutigen Augen, mit zittriger Stimme wieder das Wort ergriff: »Das Messer muss nicht hierbleiben!«

Das war stark. Der Typ am Boden war ein beschissener Taco, aber er hatte nicht um sein Leben gewinselt. »Das Messer muss nicht hierbleiben«, waren seine einzigen Worte, und davor ziehe ich heute noch den Hut. Und das Messer wurde am Ende dann auch mitgenommen...

Wir packten die paar jämmerlichen Habseligkeiten der Bandidos in unseren Lieferwagen, dazu noch den Club-PC und ein paar andere Kleinigkeiten. Die Pump Gun, die wir in dem Siffladen gefunden hatten, ließen wir natürlich zurück. Wie auch die Signalpistole aus Bundeswehrbeständen. Es war wie mit den Axtstielen. Man arbeitet nicht mit Waffen, die eine Vergangenheit haben. Und schon gar nicht mit gestohlenen, von denen man gar nichts wusste. So viel Verstand war dem Bremer Disney-Club West Side nicht immer zu eigen, wurden doch erst jüngst bei einer Polizeirazzia Waffen aus einem Bruch gefunden. Dümmer geht es wohl kaum noch.

Wir ließen die beiden Knarren schön brav in dem Clubheim zurück und fuhren alle zusammen weg. Nach Delmenhorst. Dort haben sich dann alle wieder ohne große Worte getrennt, während ich mit Kai in dessen Haus fuhr, um im Kamin die Sturmhauben und die Axtstiele zu verbrennen. Es sollten schließlich keine Spuren zurückbleiben. Außer denen, die wir ganz bewusst hinterlassen hatten. Und die hatten ihre Wirkung offensichtlich nicht verfehlt.

Den offiziellen Polizeiprotokollen zufolge ging der erste Funkspruch um 19.26 Uhr an die örtlichen Polizeistreifen raus. »Überfall auf das Clubhaus des Motorradclubs der Bandidos in 28816 Stuhr-Brinkum Nord, Gottlieb-Daimler-Straße 20. Mehrere Personen verletzt.«

Die zwei Streifenhörnchen, die als Erste bei der Taco-Hütte ankamen, fanden dem Bericht nach »fünf verletzte Personen auf dem Boden. Die Personen waren teilweise nicht mehr ansprechbar – alle Personen bluteten stark.«

Was ich selbst an jenem Nachmittag bei den Hüten getrieben habe, kann ich heute natürlich nicht beschreiben. Ob ich jemanden zusammengedroschen, getreten oder bedroht habe? Keine Ahnung, wir waren schließlich alle dunkel gekleidet und maskiert. Keiner hatte etwas gesehen und keiner etwas gehört. Es war passiert, und damit war die Sache für uns alle erledigt. Für fast alle. Ich fing an jenem Tag wieder mit dem Rauchen an. Die ganze Sache rumorte in mir. Und zwar gewaltig.

7.

Das Bandidos MC Chapter Bremen existierte nach diesem Abend nicht mehr. Es war aufgelöst. Wie ich später erfahren konnte, fuhren die Bremer Jungs schon Ende April 2006, also nur wenige Wochen nach unserem Kurzbesuch, geschlossen nach Münster, um bei den »Bandidos« Deutschland vorzusprechen. Und sie machten den Hüten in Münster klar, dass sie die Schnauze gestrichen voll hatten. Der Ausstieg wurde akzeptiert. Allerdings: Die »Fahnenflüchtigen« erhielten nicht den Segen ihrer Clubführung. Sie schieden zwar aus, dies aber im »bad standing«. Das hieß, die Jungs mussten nicht nur alle Clubgegenstände wieder zurückgeben, sie wurden auch noch gezwungen, ihre Bandidos-Tätowierungen entfernen zu lassen. Die Tattoos mussten überstochen werden, und zum Beweis wurde jeder dazu verpflichtet, ein Foto seiner neuen Hautbildchen abliefern.

Dem kamen alle nach. Bis auf einen. Heino B., der Präsident. Er blieb seinem Club treu. Wie treu, sollte er später noch auf grausame und eindringliche Art und Weise unter Beweis stellen.

10. Der Prospect:
Die Ausbeutung geht weiter

1.

Die Sache mit dem Werkstattbesitzer kam mir von Anfang an komisch vor. Warum durfte sich dieser Vogel während der ganzen Aktion frei bewegen, und aus welchem Grund konnte er sich später als Einziger befreien, um die Polizei zu rufen? Mit so viel zeitlicher Verzögerung, dass wir längst wieder weg sein konnten.

Ich dachte mir eigentlich, dass der Typ damals Geld bekommen hatte, damit er bei diesem Überfall seine eigene schmutzige Rolle mitspielen konnte. Aber am Ende musste ich erkennen, dass auch diese Geschichte wie in einem Film abgelaufen war. Wie in einem schlechten Film, versteht sich ...

Angeblich hatte unser Sergeant bereits ein Jahr vor der Bandidos-Aktion seinen ersten »Höflichkeitsbesuch« in dem Laden neben dem Taco-Clubhaus gemacht. Dem Werkstattbesitzer kam dieser Auftritt wohl nicht ganz geheuer vor, und ihn beschlich offenbar damals schon – wie er später der Polizei gegenüber aussagte – ein Gefühl der Angst und Bedrohung. Zwei oder drei Wochen vor unserem Überfall hat der Sergeant wohl ein weiteres Mal in der Bruchbude vorbeigeschaut. Dem Mechaniker gegenüber habe er bei diesem Besuch angedeutet, dass man wisse, wo er herkomme und wo er wohne. Der Typ muss demzufolge erneut die Hosen voll gehabt haben, denn er hatte – wie er selbst angab – dem unheimlichen Besucher zu verstehen geben wollen, dass er mit den Hüten nebenan nichts zu tun habe.

An dem besagten Tag selbst erhielt der eingeschüchterte Zivilist dann den finalen Anruf vom Sergeant: »Heute klären wir das Ding mit den Bandidos. Sieh zu, dass heute Nachmittag keiner mehr in der Werkstatt ist und dass du allein bist. Und sieh zu, dass du nicht abhaust. Denn wir wissen, wo wir dich finden können!«

Der Werkstattbesitzer parierte offenkundig aufs Wort, schickte seine Leute vorzeitig in den Feierabend, schaltete die Überwachungskamera aus und wartete darauf, was das Schicksal an jenem Tag wohl noch so alles für ihn bereithielt.

Wie sich herausstellte, war er während unserer Aktion zwischenzeitlich sogar gezwungen, seine Frau anzurufen, da er mit einem Überraschungsbesuch dieser Dame rechnen musste. Und das wäre für alle Beteiligten vermutlich nicht gut ausgegangen.

Ich hatte mich auf jeden Fall in dem Typen getäuscht. Und natürlich auch in meinen Brüdern, als ich glaubte, der »Zivilist« sei in die ganze Geschichte verwickelt gewesen. Das war er letztlich nicht, denn eines hätte mir eigentlich klar sein müssen: Die Hells Angels regeln Dinge wie diese nie mit Geld. Solche Fälle werden immer mit dem Mittel der Angst gelöst! Und die kostet meist gar nichts.

2.

Schaute man sich später die Krankenakten der fünf Tacos nach unserer kleinen Stippvisite an, konnte man sich in etwa vorstellen, wie es zu der Auflösung des Bandidos-Chapters Bremen gekommen war. Da war von »ausgeprägten Spuren stumpfer Gewalteinwirkung gegen den Nackenbereich«, »Schuhsohlenabdrücken an der rechten Hirnschädelseite«, einer »7 cm langen Platzwunde im Bereich der behaarten Kopfhaut«, »Gewebsschwellungen an den Unterschenkeln sowie Abwehrverletzungen an Unterarmen und Händen« die Rede. Dazu kam noch der »Bruch eines Mittelfingerknochens«, und bei einem der Typen fanden sich dem Bericht eines Rechtsmediziners zufolge »Zeichen mehrfacher hochgradiger stumpfer Gewalteinwirkung gegen den Hirn- und Gesichtsschädel, beide Arme sowie Beine«. Und weiter hieß es wörtlich: »An beiden Oberarmen sowie am Kopf fanden sich geformte Verletzungen in Form von doppelstriemartig konfigurierten und somit auf ein stabartiges Werkzeug hindeutenden Verletzungen. Hierbei handelte es sich im Falle der Arme um mehrfache Einwirkungen.«

Man konnte die ganze Sache auch weniger akademisch ausdrücken: Die Jungs hatten derart den Arsch versohlt bekommen, dass sie fortan ein neues

Leben führen wollten. Zumindest vier von ihnen. Der Fünfte hingegen hatte ganz andere Pläne...

3.

Zurückblickend muss ich gestehen, dass diese »Aktion« gegen die Bremer »Bandidos« eine reichlich schwule Nummer war. Mit 15 Mann einen Hinterhalt zu bilden und dann fünf Tacos plattzumachen, das war keine Heldentat und meines Erachtens auch nicht dazu geeignet, sich ein Stückchen Ehre im Sinne von Outlaw-Motorcycle-Gangs anzueignen. Man hätte die ganze Sache auch mit zwei oder drei Jungs erledigen können, sofern man auf solche Partisanenaktionen stand. Oder aber man wäre das Problem so angegangen wie damals bei den »Harley Days« in Ostfriesland. Ein offener Kampf, Mann gegen Mann, bei freier Waffenwahl. Das wäre eine saubere Sache gewesen, ohne Hinterhalt und fiese Tricks. Aber das war ja nicht im Sinne unseres feinen Sergeant at Arms. Und lag schon gar nicht in seiner Natur.

Die Tacos hatten an jenem Abend nicht den Hauch einer Chance. Nicht einer von uns musste auch nur einen Kratzer verschmerzen, denn die ganze Geschichte lief derart schnell und hinterhältig ab, dass die Hüte nicht einmal ansatzweise zur Gegenwehr fähig gewesen wären. Die »Aktion« war auch generalstabsmäßig geplant – da konnte man unserem Sergeant at Arms nichts nachsagen. Und sie war natürlich erfolgreich. Aber die Sache war hinterfotzig und feige – zumindest in meinen Augen. Was aber zu jener Zeit niemanden störte. Im Gegenteil: Unser Sergeant ließ sich feiern wie ein großer Feldherr, und wir Hangarounds wurden umgehend zu Prospects befördert. Wogegen ich natürlich nichts einzuwenden hatte, denn schließlich ging es für mich bei den Hells Angels nun doch endlich aufwärts.

Aber: Keiner von uns Hängern hätte sich damals dieser »Aktion« verweigern können, sonst wären wir schneller aus diesem feinen Club rausgeflogen, als wir hätten denken können. Und die Sache zeigte eben auch, dass man sich als Anwärter bei den Hells Angels nicht davor drücken konnte, ein Verbrechen zu begehen. Ich selbst war ja nun kein Kind von Traurigkeit und hatte zu jener Zeit nicht die geringsten moralischen Bedenken, einem Menschen die Nase oder das Kreuz zu brechen. Oder mal eben einen Haufen Tacos aus der Stadt zu treten. Was aber war mit dem einfachen und bis dahin unbescholtenen Elektriker oder Maurer, der einfach nur den Hells Angels angehören wollte? Er musste ab einem bestimmten Zeitpunkt ganz zwangsläufig zum Verbrecher werden – ob er das nun wollte oder nicht. Und das alles nur für ein beschissenes Patch mit diesem sagenumwobenen Deathhead drauf.

4.

Die »Beförderung« zum Prospect hatte für mich keinen Wert, weil auch Arschnasen wie dieser Jürgen zum Prospect ernannt wurden. Derselbe Jürgen, der sich seit Monaten um Thekendienste drückte und auch bei diesem Überfall natürlich nicht dabei war. Wesentlich schlimmer aber und im Grunde der erste große Bruch in meiner Beziehung zu den Hells Angels war das, was ich am 25. Mai 2006 erleben musste.

Den Tod eines guten Freundes.

Andree war einer derjenigen, mit denen ich von Anfang an in diesem verlotterten Haufen des Charters West Side am meisten Verbindung hatte. Er war es auch gewesen, der mir geraten hatte, doch mal die Medikamente wegzulassen und so zu sein, wie ich wirklich war. Er wurde mir zu einem Freund, einem der wenigen, die ich bei den 81ern finden konnte.

Andree hatte zu jener Zeit viel Stress mit seiner Frau und knallte sich aus diesem Grund fast täglich die Birne zu. So auch am Vorabend dieses schicksalhaften Tages. Der Auftrag kam von ganz oben. Die Charter Bremen und Hannover, also zwei der größten Gruppen im Norden, sollten komplett nach Oldenburg fahren, weil dort angeblich eine Delegation der Bandidos erwartet wurde. Und mit denen sollten wir uns wohl ein wenig amüsieren – Genaues hatte ich bis dahin noch nicht erfahren können. Ich wartete natürlich pünktlich am Treffpunkt, während der Rest nach und nach gemütlich eintrudelte. Nur einer fehlte: Andree!

Wir fuhren trotzdem los, aber der Sergeant at Arms war stocksauer. Als wir schließlich schon in Oldenburg angekommen waren, nahm er sein Telefon, rief Andree an und brüllte ins Telefon. Offenbar versuchte mein Kumpel, dem Sergeant klarzumachen, dass er zu übermüdet sei und noch reichlich Restalkohol im Blut habe, aber der Sergeant ließ diese Entschuldigungen nicht gelten. Mit dem Satz »Beweg sofort deinen Arsch hierher!« beendete er das kurze und heftige Gespräch. Und letztlich auch das Leben meines Freundes.

Andree setzte sich offenbar völlig eingeschüchtert ins Auto, und nach nur wenigen Kilometern passierte es: Er verlor in seinem Suff die Kontrolle über den Wagen und krachte frontal gegen einen Baum. Er war sofort tot. Und schuld daran war allein der Sergeant at Arms. Sein »Bruder«! Für mich, der ich Member im Charter West Side werden wollte, war an diesem Tag vieles zerbrochen.

Andree und ich hatten eigentlich große Pläne geschmiedet. Wir beide wollten, zusammen mit unseren Frauen, einen Laden aufmachen. Eine Art Privatclub. Sogar die passenden Räumlichkeiten hatten wir kurz zuvor in Lingen schon besichtigt. Ohne natürlich die Idioten vom Club einzuweihen. Er war ein Mensch, dem ich vertrauen konnte, privat und geschäftlich. Und nun war dieser Freund von einem Augenblick auf den anderen einfach weg. Tot – für immer verschwunden!

Dann kam die Beerdigung. Mit viel Pomp und Engel-Folklore. Das immerhin wusste der Club schon immer zu zelebrieren. Andree wurde im Clubhaus aufgebahrt, und als ich ihn da so liegen sah und es schlicht nicht fassen konnte, dass er tot war, musste ich kurz nach draußen, um wieder ein wenig zu mir zu finden. Und als ich vorne am großen Eisentor lehnte, um mir ein paar Tränen wegzuwischen, kam dieser Vollidiot »Acid«, mein ehemaliger Mentor, vorbei und sagte in gönnerhaftem Ton: »Nun ist er tot, und da musst du langsam drüber wegkommen.« Unfassbar. Ich wusste gar nicht, was ich darauf hätte antworten sollen, und das passierte selten in meinem Leben. Und noch heute frage ich mich, warum ich diese Fotze damals nicht sofort weggehauen habe.

Der Tod von Andree und die ganzen Umstände, die letztlich dazu geführt hatten, brachten mich an den Rand meiner Kräfte. Der große Mythos »Hells Angels« hatte sich für mich längst zu einer perfiden Ausbeutungs- und Selbstbereicherungsmaschinerie reduziert, und überdies waren auch die Rituale und die ständige Verlogenheit viel zu erbärmlich. Am Tag der Beerdigung fing ich an zu koksen, weil ich nicht mehr wusste, wie ich den Schmerz und die Wut auf Arschlöcher wie den Sergeant anderweitig hätte betäuben sollen.

Fortan ließ ich mich an jedem Clubabend schon frühzeitig zulaufen. Und wenn dann einer nach Hause gebracht werden wollte, sagte ich: »Geht nicht – ich bin voll.« Mein einziges Ziel war im Grunde, aus diesem Scheißladen rauszufliegen, und genau so benahm ich mich dann auch. Aufgeben wollte ich nicht, das lag nicht in meiner Natur. Wenn schon, dann sollten die blöden Wichser mich doch einfach rausschmeißen. Mit allem Drum und Dran.

Der Sergeant legte mir in der Folgezeit offiziell einen »86er« auf – das Verbot, Alkohol zu trinken und Drogen aller Art zu nehmen. Also bestellte ich schön brav meine Cola und mischte dann erst den Wodka rein. Nicht, dass ich den Sergeant anlügen wollte. Wenn er mich mal gefragt hätte, was ich da trinke, dann hätte ich ihm schon die Wahrheit gesagt. Denn ich log nicht. Und er fragte nicht.

Schlimmer war allerdings, dass ich das ganze Geld, das ich zu jener Zeit dann endlich wieder als Türsteher verdienen konnte, umgehend in die Drogen investierte. Und ich kokste, dass es nur so staubte.

5.

Es gab nach der schlimmen Sache mit Andree nur noch einen Lichtblick. Und der ist an Strahlkraft bis heute nicht zu übertreffen: Ich lernte Melanie kennen, meine heutige Frau.

Es war mal wieder eine dieser ewig gleichen Partys im Clubhaus. Auch als Prospect, der ich ja nach dem Überfall auf die Hüte geworden war, musste ich Thekendienste schieben und hinterm Tresen die Kühlschränke auffüllen. Und da stand sie eines Abends plötzlich. Ich war auf den allerersten Blick hingerissen von dieser Frau, aber ich wusste auch, dass ich die innere Handbremse ziehen musste. Denn im Clubhaus konnte man nie wissen, mit welcher oder mit wessen Frau man es gerade zu tun hatte. Sie hätte die Frau eines Members sein können, und dann war es auch als Prospect besser, die Finger davon zu lassen, wenn einem Leben und Männlichkeit etwas wert waren. Und: Es gehörte sich ganz einfach nicht!

Wer die Frau eines Members anmachte, musste mit einer Art Kopfgeld oder Strafe in Höhe von 10.000 Euro rechnen. Nur für eine Anmache. Manche

Kapitel 10

Member schickten aus diesem Grund mitunter einfach ihre Alten los – meist irgendwelche Nutten –, um solche Situationen zu provozieren und so ein wenig die Portokasse aufzubessern.

Aber diese Frau interessierte mich, aller Gefahr zum Trotz. Ich musste wohl sehr auffällig rumgedruckst haben, denn irgendwann sprach sie mich einfach an.

»Wie heißt du?«, fragte sie.

»Tom«, war meine Antwort. Korrekt, aber weiterhin zurückhaltend.

»Also Thomas?«

»Nein, Tom!«

Ein großartiger Dialog. Ich war angepisst, weil ich mich nicht frei und ungezwungen mit dieser Frau unterhalten konnte, und versuchte, die Sache einfach schnell wieder abzuhaken. Es spielte letztlich doch keine Rolle mehr, auch noch den letzten Rest Freiheit für diese Bande zu opfern.

Allerdings arbeitete sie in einem der Läden hinter dem Tresen, bei dem ich die Tür machte. Wir waren also Kollegen, und es ließ sich irgendwann einfach nicht mehr verhindern, dass wir uns kennenlernten. Ein schlechtes Gewissen musste ich nicht haben. Zu Hause lief bei mir schon lange nichts mehr. Meine Frau und ich waren im Grunde nur noch wegen unseres Kindes zusammen. Ich war unbewusst wohl auf der Suche nach einer neuen Beziehung – und diese Frau hier zog mir einfach die Füße weg. Wir hatten uns unterhalten, ein wenig geflirtet, aber ich blieb nach wie vor aus gutem Grund noch etwas vorsichtig.

Am folgenden Tag nahm ich meinen Mut zusammen und fragte einen Arbeitskollegen aus jenem Laden nach ihrer Telefonnummer. Er meinte, er müsse sie zuerst fragen, und als er nach etwa einer halben Stunde zurückrief, hatte er ihre Einwilligung bekommen und gab mir die Nummer. Ich rief Melanie sofort an. Wieder redeten wir mindestens eine Stunde lang über Gott und die Welt, die Hells Angels und die Arbeit. Aber wieder hatte ich mich nicht getraut zu fragen, ob sie mit einem aus dem Club liiert sei. Immerhin fragte ich sie, ob wir uns mal treffen könnten. Dünnes Eis. Aber sie sagte einfach Ja.

Meine Schwärmerei für Melanie war einem Kumpel aus dem Club nicht verborgen geblieben. Und da er es wohl gut mit mir meinte, verriet er mir, dass Melanie die Ex von einem Member aus Hannover sei. Aber nur weil es die Ex war, hieß das bei den Hells Angels noch lange nicht, dass man auch freie Bahn hatte. Es gab nur eine Möglichkeit, die Sache zu klären: Ich musste den Member aus Hannover um Freigabe bitten. So idiotisch diese Geschichte war, ein Stück weit konnte ich es sogar verstehen. Die Hells Angels sind nun mal sehr hierarchisch und patriarchalisch organisiert. Und da bringt es einfach Probleme, wenn einer sich an die Frau oder Exfrau des anderen ranmachte, und der weiß nichts davon. Man stelle sich das in der testosterongeschwängerten Luft einer Hells-Angels-Club-Party vor: Ich tauche dort mit meiner neuen Freundin auf, und dann steht uns plötzlich ihr Ex gegenüber. So etwas hätte für schlechtes Betriebsklima sorgen – und auch blutig enden können. Die Kehrseite dieser merkwürdig-archaischen Männerwelt: Die Frau hatte bei dem ganzen archaischen Zeremoniell natürlich nichts zu melden!

Aber ich wollte den Typen dennoch nicht anrufen. Was war das denn für eine schwule Nummer, dachte ich mir, einen »Bruder« zu fragen, ob ich mit seiner Exfrau zusammen sein durfte. Bitte, bitte, großer Fullmember, erteile uns doch deinen Segen!? Die Sache widerstrebte mir enorm. Ich hatte Melanie immer wieder versichert, wie sehr ich sie liebte, aber dass ich mit dem Typen in Hannover nicht sprechen wollte. Sie bat mich dennoch inständig darum, und ich machte den Anruf:

»Hallo, ich bin Tom, ein Prospect aus dem Charter West Side«, sagte ich, »und ich habe keine Ahnung, wie ich es sagen soll, aber ich wäre gern mit deiner Exfrau zusammen.« Siggi, so hieß der Typ, lachte nur und meinte: »Da hättest du gar nicht anrufen müssen – das ist mir völlig egal.« So einfach war das also? Uns sollte es recht sein.

Und noch am selben Tag kamen wir endgültig zusammen. Meiner Ex teilte ich mit, dass ich jemanden kennengelernt hätte, und auch ihr schien das völlig gleichgültig zu sein. »Hauptsache«, sage sie, »sie lebt nicht in Lingen, und ihr beide lauft mir nicht übern Weg.« Der Weg war also geebnet. Dachten wir.

6.

Abgesehen von Melanie ging es in meinem Leben eher dürftig zu. Die Türsteherei brachte nicht viel ein, da ich ja weiterhin freitags und samstags nicht arbeiten konnte. Und die vermeintliche Bruderschaft bei den Hells Angels kotzte mich auch immer mehr an, weil es ja weder eine Freundschaft noch eine Bruderschaft war. Alle für einen und jeder für sich, das war das eigentliche Motto von Rot-Weiß. Die unzähligen krummen Geschäfte, die viele Member unter der Rückendeckung des Clubs abwickelten, dienten allein der persönlichen Bereicherung. Und der persönlichen Eitelkeit.

Immerhin hatte ich bei all den komischen Geschäften, die in dem Club abgezogen wurden, auch einen Happen abbekommen: Ich machte »Nutten-Secu«, also Aufpasser für die Mädels, die im Auftrag des Clubs oder einzelner Member in Appartementhäusern anschafften. Ich war für fünf Häuser zuständig, zwischen denen ich jeden Abend hin und her fahren musste. Mal trank ich hier mit einer Dame einen Kaffee, mal plauderte ich mit einer anderen über das Geschäft und das Leben im Allgemeinen. Und ich hatte natürlich für Ruhe und Ordnung zu sorgen, wenn sich ein Freier mal nicht so benahm, wie er eigentlich sollte. Mein Secu-Handy hatte ich immer griffbereit, und wenn eine Frau anrief, war ich binnen fünf Minuten vor Ort.

Den Job erledigte ich in »Zivilklamotten«, denn natürlich durfte Rot-Weiß niemals mit den Nutten und den Puffs in Verbindung gebracht werden. Es wurde strikt darauf geachtet, dass nicht einmal das Schlüsselband mit der Aufschrift »HAMC Charter West Side« aus der Jeanstasche herausschaute. Meine Schicht ging von 16 bis 22 Uhr, und ich bekam fünf Euro pro Frau und Abend. Das läpperte sich auf einen guten Hunderter am Tag, was dann wiederum kein schlechter Stundenlohn war. Und meine »Klienten« waren auch ganz ansehnlich. Kein schlechter Job also.

Dummerweise stand ich aber auch als Prospect noch immer unter der Aufsicht des Sergeant at Arms. Und dem gefiel meine neue Freundin überhaupt nicht ...

»Lass die Finger von der Frau, die taugt nix«, glaubte er zu wissen. Begründen konnte er seine Einschätzung zwar nicht, aber das musste er schließlich auch nicht, denn ich war nach wie vor der Trottel der Kompanie, ein Prospect – und er war der große, allmächtige Sergeant. Und er wusste natürlich, wie er seine fragwürdige Macht in perfide Schikanen umsetzen konnte: So rief er mich in der Regel um 22.55 Uhr an, kurz bevor Melanie ihre Schicht in der Kneipe beendete, und zitierte mich zu sich. Unter lächerlichen Vorwänden. Mal hatte er etwas Sinnfreies mit mir zu besprechen, oder ich musste einfach zusehen, wie der feine Herr sich zu Hause auf der Couch eine DVD ansah. Manchmal schlief er dabei auch ein. Und wenn er dann irgendwann wieder wach wurde, schickte er mich in den frühen Morgenstunden gnädigerweise doch noch nach Hause. Entwürdigender konnte man mich kaum noch behandeln.

An manchen Tagen musste ich seine Freundin Silvana, die als Nutte für ihn anschaffte, zu Hausbesuchen fahren. Und da durfte ich schon mal sechs Stunden im Auto vor der Tür warten, bis die Dame ihre Schicht zu Ende gebracht hatte. Jobs wie diese waren natürlich auch nicht gerade beziehungsfördernd, weil ich ja nie wissen konnte, wann ich den Fiffi spielen musste. Ich konnte mit Melanie im Grunde nichts vorausplanen, denn wenn der Sergeant anrief, musste ich springen.

Immerhin war Silvana ein sympathisches und intelligentes Mädchen und passte eigentlich gar nicht zu dem Typen. Manchmal gab ich ihr sogar etwas Geld, damit sie die volle Tagesmiete an den Sergeant abgeben konnte. Sonst hätte er sie geschlagen – seine ach so geliebte Freundin! Natürlich immer schön in den Bauch, damit es keine Spuren gab. Die beiden lebten wohl eine typische Hells-Angels-Beziehung: Sie musste für ihn ackern und stand gleichzeitig immer mit einem Bein im Knast. Denn alle seine krummen Geschäfte liefen nach außen hin auf ihren Namen. Der Sergeant selbst war offiziell nur ein Hartz-IV-Empfänger. Und es ging ihm blendend dabei.

7.

Ende März 2007 war ich schon etwa ein Jahr Prospect, und auch wenn meine Beziehung zum Club eigentlich auf dem Tiefpunkt angelangt war, wäre es nach meiner Meinung doch endlich an der Zeit gewesen, dass ich zum Member ernannt wurde. Denn das war der übliche Zeitrahmen: Nach etwa einem halben Jahr als Hangaround kletterte man die Leiter hoch und durfte sich Prospect nennen. Ein weiteres Jahr später wurde man normalerweise zum Member befördert und erhielt das sogenannte Fullcolour. Auch in diesem Zustand war man im Grunde noch einmal für ein weiteres Jahr auf Probe. Erst dann durfte man sich endgültig den Deathhead auftätowieren lassen. Und erst dann gehörte man wirklich dazu und war ein richtiger Hells Angel, ein Höllenengel.

Kapitel 10

Als wir eines Abends zu einer Party nach Köln fuhren, merkte ich, dass etwas im Busch war. Meine Kumpels hatten den Kofferraum voller Geschenke gepackt, und ich war mir sicher, dass es endlich so weit sein würde. Die Ernennung zum Member war umso schöner, je größer die Veranstaltung war, auf der sie stattfand. Man erhielt Geschenke, alle Augen waren auf einen gerichtet, und endlich konnte man das Gefühl haben, dass man wirklich dazugehörte. Ich hatte eigentlich darauf spekuliert, auf dem World Run vor über 1000 Membern meine Ernennung zu erleben. Nun aber sollte es offenbar in Köln passieren, auf einer Hells-Angels-Party. Auch gut ...

Die Party lief, und irgendwann spürte man ein Knistern im Raum. Und tatsächlich, mit einem Mal, ergriff der Präsident des Charter West Side das Wort, schwadronierte ein wenig von seinem tollen Charter und dass man nun ein neues Vollmitglied begrüßen dürfe. Nach oben gebeten wurde dann: Daniel. Die unfähigste Pfeife, die ich in dem Laden je erleben durfte. Ich stand da inmitten von »Brüdern« und war dennoch völlig allein. Ich konnte es nicht fassen. Auch meine Kumpels waren davon ausgegangen, dass ich an jenem Abend derjenige hätte sein müssen. Das zumindest raunten sie mir hinter vorgehaltener Hand zu. Aber schon wieder schien mir meine offene Art, aber auch mein ungezügeltes Temperament in die Quere gekommen zu sein. Ich hatte leider immer allen gesagt, was ich von ihnen hielt, und dies im Zweifel auch noch physisch unterstrichen. Und nun war ich mal wieder der Idiot.

Aber die Angels wären nicht die Angels, wenn nicht immer noch ein Sahnehäubchen auf den ganzen Scheiß obendrauf gesetzt werden konnte. Kaum zehn Minuten nachdem er zum Member ernannt worden war, kam dieses Arschloch von Daniel auf mich zu und sagte: »Kollege, du fährst mich dann morgen früh zurück.« Er war ja nun Member und ich der dumme Prospect. Ich konnte es nicht fassen. Ich sagte ihm, dass er eine beschissene Fotze sei, und ließ mich gepflegt volllaufen. Und es wurde immer krasser. Nur zwei Wochen danach feierte unser Präsident das Richtfest seines Hauses. Wieder wurde so ein Vollidiot vom Hangaround zum Prospect ernannt, und wieder blieb ich allein in der Menge stehen. Meine Laune konnte beschissener nicht sein. Aber ich realisierte noch immer nicht, dass es keine Ehre war, bei diesem Geckenverein mitzumachen. Ich blieb verblendet und zweifelte im Grunde eher an mir denn an den Strukturen in diesem Laden. Und ich wollte noch immer dazugehören.

Das änderte sich auch nicht, als ich an einem Freitag nicht zum Clubabend gehen wollte, weil ich am Vormittag meinen Hund »Pablo« einschläfern lassen musste. Ein gutes, treues Tier, das ich von ganzem Herzen geliebt hatte. Ich war am Boden zerstört und an diesem Freitag nicht in der Stimmung, einen unbeschwerten Abend mit meinen »Brüdern« zu verbringen. Also rief ich den Sergeant an, um ihm Bescheid zu sagen. Ich erklärte ihm, was passiert war – gewissermaßen von Hundebesitzer zu Hundebesitzer –, und ich hoffte auf sein Verständnis. Die Antwort des Sergeants werde ich mein Leben lang nicht vergessen: »Kannst du deinen Köter nicht an einem Montag einschläfern lassen?«

Ich war schockiert. Und musste an jenem Abend tatsächlich beim Club antreten. Es gab keine Ausnahme. Ich wurde verpflichtet, mit meinen »Brüdern« zu saufen, auch wenn es für mich nichts, aber auch gar nichts zu feiern gab. Der Club stand schließlich über allem, und daran gab es nichts zu rütteln.

Etwas später starb dann der Bullterriermischling des Sergeants. Unter der Woche, wie es sich für den Hund eines großen Anführers der Hells Angels gehört. Ich erhielt einen Anruf und bekam mitgeteilt, dass ich zur Beisetzung erscheinen müsse. Ich fuhr also von Lingen nach Bremen, um mit acht anderen Membern inklusive deren Frauen zusammen an der feierlichen Beerdigung von »Mike« teilzunehmen. Die verlogen-verheulten Augen der Hells-Angels-Mitglieder wurden hinter großen dunklen Sonnenbrillen verborgen. Es war eine herzzerreißende Zeremonie. Fast, als ob ein Bruder von uns gegangen wäre. Ich hätte bei dem Anblick der Trauergemeinde um ein Haar gekotzt. Aber trotz allem wartete ich weiterhin auf den Zeitpunkt, an dem auch ich einer von ihnen werden würde. Und merkte nicht, wie würdelos ein Mensch doch im Laufe der Zeit werden konnte …

11. Der Member:
Die feige Rache der Bandidos

1.

Im Mai 2007 war es dann doch noch so weit. Ganz unspektakulär allerdings und nur auf unserem freitäglichen Clubabend. Ich hatte wie immer als Haus- und Serviersklave den Versammlungsraum hergerichtet, hing irgendwann an der Bar und wartete, bis ich am Ende dieses Abends wieder meinen Deppendienst erledigen durfte. Und dann kam plötzlich ein Member aufgeregt die Treppe heruntergerannt und sagte, ich solle mit ihm nach oben kommen. Vor der Tür flüsterte er mir zu: »Sag bloß nichts Falsches.« Mein lockeres Mundwerk war mittlerweile bekannt, und die Gefahr, mir den Mund zu verbrennen, wurde noch dadurch erhöht, dass mir der ganze Laden im Unterbewusstsein leider schon ziemlich am Arsch vorbeiging. Ich wollte es mir nur nicht eingestehen.

Da saßen sie nun also alle an ihren Tischen. Als ich eintrat, stand der Präsident feierlich grinsend von seinem Stuhl auf. Ich fühlte mich wie ein Sechsjähriger, der auf den Nikolaus wartet, um mit zittrigen Knien sein Sprüchlein aufzusagen, und darauf hofft, dass der allwissende bärtige Mann doch gnädig sein möge. Der Nikolaus war unser Präsident, bärtig und tätowiert, und er holte, bildlich gesprochen, die Rute aus dem Sack.

»Mir wurde erzählt, dass du letzte Woche so voll warst, dass du keine Member nach Hause fahren konntest«, brummte der Nikolaus.

»Auf gar keinen Fall«, antwortete ich.

»Ach! Du willst also behaupten, dass ich lüge«, raunte der Präsident mit erboster Stimme.

»Das nicht, aber es war nicht letztes Wochenende, sondern das Wochenende davor!«

Alle lachten.

»Welcome to the family«, sagte der Nikolaus. Und so wurde ich an jenem Abend doch noch zum Member.

Ich konnte mich natürlich nicht zurückhalten und sagte: »Und jetzt sollen sich bitte alle, mit denen ich in den letzten anderthalb Jahren Probleme hatte und die mich nicht leiden können, unten in einer Reihe aufstellen – dann klären wir das im Einzelgespräch.«

Und wieder lachten alle. Sie hielten das für einen Scherz. Ich nicht. Ich hätte als Member gerne manch einem hochoffiziell ein paar in die Fresse gehauen. Denn die meisten meiner neuen »Brüder« konnte ich nach wie vor nicht leiden.

Wie gesagt, man kann einen Mann nicht zwei Jahre lang wie Scheiße behandeln und dann meinen, nur weil er nun zum Member geworden war, ist von einem Moment auf den anderen alles wieder vergessen. Ich zumindest war dazu nicht imstande …

Dann folgte die Bescherung. Akkurat verpackt, wurden mir die Präsente überreicht, und zu meinem Erstaunen waren wirklich schöne Dinge dabei. Der Sergeant at Arms überreichte mir den Membergürtel samt Deathhead-Schnalle, der allein schon weit über 200 Euro kostete. Andere schenkten mir ein T-Shirt, ich bekam einen Pulli und noch eine Jacke. Von den Jungs aus meiner Ecke bekam ich eine riesige goldene Deathhead-Gürtelschnalle und einen Totenkopf aus LED-Leuchtdioden. Der Club ließ sich nicht lumpen. Als wollten die Member an einem Abend den ganzen Mist wiedergutmachen und mir sagen: »Junge, siehst du, es hat sich doch gelohnt.« Und der Sergeant, der mich jahrelang schikaniert hatte, setzte noch einen drauf und spendierte mir einen Besuch im Puff. Natürlich in seinem eigenen Laden, damit es ihn nicht so viel kostete.

Ich hatte überhaupt keinen Bock auf diese Nummer, bin dann aber doch irgendwann in dieser Nacht mit dem Sergeant zu dem Bordell gefahren. Er meinte generös, ich solle mir eine der Damen aussuchen, was ich dann auch tat. Wir verzogen uns auf ihr Zimmer, aber nur, damit sie auch vom Sergeant ihr Geld bekam. Denn ficken wollte ich die Alte natürlich nicht. Ich war in einer Beziehung, und die war mir schon zu jener Zeit sehr viel wichtiger als Rot-Weiß!

Kapitel 11

Ich war mit einer Hure auf dem Zimmer, und es blieb absolut jugendfrei. Neben dem großen runden Bett standen ein Tischchen und zwei Stühle. Dort setzten wir uns hin, tranken eine Cola und sprachen darüber, ob ihr die Arbeit Spaß machte und was sie über das Wetter in diesem Frühling dachte. Eine Stunde lang zogen wir unsere »Nummer« knallhart durch, damit sie auch ordnungsgemäß bezahlt wurde. Und dann ging meine Ernennungsfeier ruhig und entspannt zu Ende.

Im Club begann nun eine andere Zeit, das war mir schon klar. Mit dem Sergeant traf ich mich zwar immer noch zum Essen, aber ab diesem Zeitpunkt war die Sache freiwillig, und ich konnte jederzeit sagen, wenn ich keinen Bock drauf hatte. Und ich hatte nur noch selten Lust.

Ich saß nun auch mittendrin in den freitäglichen Meetings und nicht mehr vor der verschlossenen Flügeltür. Und auch hier wurde der vermeintliche Mythos naturgemäß schon beim ersten Clubabend entzaubert. Besprochen wurde – wie bei Gremium – gar nichts, und ich kam mir erneut vor wie bei der Jahreshauptversammlung eines Karnickelzuchtvereins. Mit dem einen Unterschied: Im Gegensatz zu vielen Hasenzüchtern waren mir die Leute in meinem Verein mehrheitlich unsympathisch. Für die meisten Angler war das Patch, die Mitgliedschaft bei Rot-Weiß, das, was für den Investmentbanker der Porsche war – eine Verlängerung für zu kurz geratene Schwänze oder ein Ersatz für auf tragische Weise verloren gegangene Eier.

Die Strohhalme mit dem weißen Puder daran hatte ich ja in den Monaten zuvor schon gesehen, wenn ich gezwungen war, den ganzen Saustall wieder in Ordnung zu bringen. Als Member nun sah ich endlich auch die passenden Leute dazu. Etwa zehn bis fünfzehn Mann koksten und dealten hemmungslos. Das Drogenverbot, das in den ominösen World Rules der Hells Angels dokumentiert sein sollte, ist nichts als dummes Geschwätz. In Bremen hätte gut die Hälfte aller Member rausfliegen müssen. Hochkant und mit Arschtritt! Als Member hätte ja nun auch ich die World Rules lesen dürfen. Welch eine große Ehre. Aus dieser Sache wurde gemeinhin ein riesiger Mythos gemacht. Sie würden in den Tresoren liegen und sollten geheim gehalten werden. Wer öffentlich über die World Rules sprach, müsse um sein Leben fürchten. Schwachsinn. Mich hatten sie nie interessiert, und ich glaube auch nicht, dass nur ein Member diese ominösen Regeln je zu Gesicht bekommen hatte. Und wenn doch: Kein einziger 81er hielt sich daran.

Das Patch trug ich außerhalb des Clubs nie. Höchstens mal ein T-Shirt, oder ich ließ das Schlüsselband aus der Hosentasche hängen. Das Member-Schlüsselband natürlich, also keines, was man auch im Hells-Angels-Shop hätte erwerben können. Ich legte keinen Wert darauf, überall sofort als 81er erkannt zu werden. Im Gegensatz zu vielen anderen, die persönlich darauf angewiesen waren, sich allein über ihr Patch zu definieren. Manch einer hatte schließlich nicht mehr zu bieten als diesen albernen Aufnäher mit dem Deathhead. Ich mochte es zu jener Zeit eine Spur bescheidener, vielleicht auch, weil ich innerlich schon so gut wie draußen war.

2.

Kaum zwei Wochen nach meiner Ernennung zum Member hatte ich wieder ein nachhaltiges und einschneidendes Erlebnis. Robert K., ein langjähriger Member unseres Charters West Side, wurde am 23. Mai 2007 in seinem Laden erschossen. Robert hatte in der westfälischen Kleinstadt Ibbenbüren ein Harley-Davidson-Geschäft mit Werkstatt. Auch ich hatte meine Harley bei ihm gekauft. Eine zum Dragster gepimpte FXR, die auf der Geraden weit über 200 Sachen ging, in Kurven allerdings schon bei Tempo 20 aufsaß. Eine miese Dreckskarre – aber ich liebte sie.

Robert war ein eher ruhiger und friedlicher Typ und auch an dem Überfall auf die Bandidos nicht beteiligt. Und dennoch war mir sofort klar, wer seine Mörder waren. Es gab nur eine Erklärung…

Es muss gegen acht Uhr morgens an diesem Mittwoch gewesen sein. Ich war noch etwas schläfrig, hatte ich doch schon gegen fünf aufstehen müssen, um mit einem anderen Member zusammen am Flughafen Hannover zwei Nutten für das Etablissement unseres Sergeants abzuholen. Wie immer bei solchen Aktionen natürlich in Zivil, keiner hätte uns als Hells Angels identifizieren können. Wir hatten die Frauen, die irgendwo aus Osteuropa kamen, gerade zum Auto gebracht, als mein Handy klingelte. Auf dem Display blinkte die Nummer des Sergeants. Ich war schon genervt, als ich nur seinen Namen sah, denn ich dachte, er wollte mir wieder irgendeinen unbedeutenden Mist reindrücken. Aber seine Stimme war ungewohnt gedämpft. »Robert ist tot!«, sagte er kurz. »Erschossen. In seinem Laden.«

Mir schnürte es den Atem ab. Das war nun wirklich eine ganz neue Dimension. Klar waren wir reichlich angepisst von den Tacos, und ich wäre immer dabei gewesen, wenn es darum ging, die Bande ordentlich wegzuschlagen. Aber Mord? Als Rache für eine Geschichte, an der auch ich maßgeblich beteiligt gewesen war?

Dass es Robert getroffen hatte, war so grausam wie logisch. Er war einer der schwächeren Mitglieder unserer Herde. Bei mir hätten sie es vermutlich sehr viel schwerer gehabt, denn ich ging nie unbewaffnet aus dem Haus, und ich achtete schon allein wegen meiner Vorbildung bei der Bundeswehr und im Personenschutz immer ganz genau auf meine Umgebung. Nicht zuletzt galt für mich ja auch in kniffligen Situationen immer der Grundsatz: »Erst schlagen, dann fragen.« Und den hätte ich im Extremfall auch auf den Gebrauch von Schusswaffen erweitert. Vielleicht hätten sie mich eines Tages auch gekillt, aber keines dieser Arschlöcher wäre ungeschoren aus der Sache rausgekommen. Und ich schätze, das wussten diese Pisser auch.

Robert war eher gutmütig, wenngleich auch er als ein echter Kerl galt und sich in der Vergangenheit an einigen kleineren Aktionen gegen die Tacos beteiligt hatte. Sein Taco-Sündenregister, gepaart mit der relativen Wehrlosigkeit, machte ihn zum perfekten Opfer für Racheanschläge. Und um nichts anderes ging es hier.

Andererseits musste ihm als Member der Hells Angels klar gewesen sein, dass er Mitglied einer Outlaw-Motorcycle-Gang war. Ein Member von Rot-Weiß musste mit allem rechen. Zumal in der Gegend um Osnabrück, wo Robert lebte und die nun mal Bandido-Land war. Es gab dort weit und breit kein Charter der Hells Angels, und die Tacos waren in jener Region klar in der Übermacht.

Wir fuhren sofort nach Ibbenbüren. Schon kurz nach neun kamen wir am Tatort an. Alles war abgesperrt, die Polizei längst da. Spurensicherung, ein Kamerateam, ein paar Journalisten und reichlich Schaulustige, das komplette Gebinde. Wir standen hinter dem Absperrband, und nach und nach kamen immer mehr Member, Prospects und Hangarounds wie auch Angehörige aus verschiedenen anderen Chartern dazu. Wir waren alle entsetzt und unsagbar traurig. Und redeten selbstverständlich hochgradig aufgewühlt über »die Sache«.

Die vorherrschende Frage war natürlich: Wer war das? Ich dachte mir nur: Wer sollte das denn schon gewesen sein? Außerhalb der MC-Szene war Robert ein unauffälliger Kerl, lebte gut bürgerlich als Kleinunternehmer in der Provinz, trank nur selten, kokste nicht und machte keine krummen Geschäfte. Die einzigen Feinde, die er auf dieser Welt hatte, waren die Bandidos.

Ich wollte aus diesem Grund auch sofort den Tatort wieder verlassen. Die Adressen der Präsidenten aus den umliegenden Bandidos-Chaptern in Münster und Osnabrück führte ich bei mir. Ich hatte vor, einfach zu den Fotzen hinzufahren und jeden – von Mann zu Mann – zu fragen, ob er es getan hat. Meiner Meinung nach wäre das die einzig mögliche Reaktion gewesen: hinfahren und unverzüglich Rache nehmen. Ganz egal, wen wir von den Arschlöchern erwischt und erledigt hätten, es wäre keine falsche Wahl gewesen.

Die Wut, die da in mir drin und sicher auch in vielen anderen Angels brodelte, saß tief. Umso erstaunter bin ich heute, dass im Mai 2010 zwischen den Tacos und den Angels mal eben ein »Friedensvertrag« unterzeichnet wurde. Konnte das tatsächlich all die Probleme lösen, die wir über Jahre hinweg miteinander hatten? Was war mit den Toten? Und was war mit denen, die für ihre Clubs langjährige Gefängnisstrafen absaßen? Wie standen die wohl zu einem sogenannten Friedensvertrag? Wie mussten sich denn die »Big House Crews« fühlen? Wie Brüder oder doch eher wie fallen gelassene Engel? An der Basis interessierte das doch keinen. Es gab letztlich keine Politik. Damals nicht und auch heute nicht. Die einzige Politik, die ein echtes Mitglied interessierte, war die der Straße. Und die kannte keine Gnade – um ausnahmsweise einmal den Leitspruch der Tacos zu bemühen.

Ich wollte damals also sofort los und die Sache irgendwie ankurbeln, aber ein Kollege hielt mich mit eindringlichen Worten zurück: Ich solle mal schön an Ort und Stelle bleiben. Und recht hatte er! Ich war kein Offizier, sondern nur ein Soldat. Und Entscheidungen treffen nun mal die Anführer. Ich hielt mich an diese Marschroute, die der Club vorgab, und wartete auf weitere Anweisungen. Gutheißen konnte ich diese Vorgehensweise jedoch nicht.

Wir beobachteten die Polizei bei ihrer Arbeit und versuchten, so viele Informationen wie nur möglich aufzuschnappen. Was wir dann aber sahen, war dilettantisch. Irgendwann – es waren schon Stunden vergangen – hörte ich, wie ein Polizist in Uniform zu einem Spurensicherer sagte, dass noch einer von Roberts Angestellten vermisst werden würde und sich offenbar in der Werkstatt versteckt habe. Da waren die geschlagene drei Stunden in der Werkstatt auf Spurensuche und fanden diesen Mitarbeiter nicht? Roberts Angestellte waren natürlich alle abgehauen, als die beiden Typen mit den Knarren reinspaziert kamen. Der Gesuchte indes, ein Pole, versteckte sich – wie im Märchen das Geißlein – in einem Schrank und zitterte dort so lange vor sich hin, bis alles vorbei war. Offenbar hatte er nicht viel von dem Anschlag mitbekommen, und schließlich fand ihn die Polizei doch noch in seinem Versteck.

Irgendwann waren die Ermittler wohl fertig mit ihrer Arbeit, und der Leichenwagen rollte an. Und schon wieder stieg die Wut in mir hoch. Da schickten die doch eine üble Rostlaube, für die der nächste TÜV auch der letzte gewesen wäre. Musste unser Bruder tatsächlich seinen letzten Gang in einer derart alten Kiste antreten? Ich fand das würdelos.

Wir waren noch etwa zehn Member am Tatort. Wir legten alle eine Hand auf den Leichenwagen und schwiegen. Längst war es später Nachmittag geworden, und manchen gestandenen Kerlen, seit zwanzig Jahren Member und ebenso lange Freunde von Robert, rollten die Tränen über die rauen und bärtigen Wangen. Es war sehr ergreifend. Sicher mischte sich in die Trauer auch die stille Gewissheit, dass es jeden von uns hätte treffen können.

Robert durfte schließlich nach zähen Verhandlungen in seiner Werkstatt aufgebahrt werden, und bereits am Wochenende drauf sollte die Beerdigung stattfinden.

Mittlerweile hatten wir auch ein paar Details in Erfahrung bringen können. Robert war mit vier oder fünf Schüssen in den Rücken getötet worden. Er hatte noch versucht zu fliehen, stürzte aber offenbar und zog sich dabei auch noch eine schwere Kopfverletzung zu. In der Werkstatt war eine dicke Blutspur von gut 30 Metern bis hinüber in sein Büro zu sehen, wo er dann schließlich zusammengebrochen und seiner Blutlache jämmerlich verreckt war. Robert K. wurde 47 Jahre alt.

Der Sergeant fragte in die Runde, wer die Werkstatt aufräumen und reinigen könne. Drei Leute meldeten sich: Stasi, Kirsten und ich. Das waren wir unserem Bruder schuldig. Was ich damals jedoch nicht verstehen konnte: Wo waren die Member, die Robert länger und besser kannten? Wo?

Es dauerte Stunden, bis wir die ganzen Blutlachen beseitigt hatten. Das Blut verwischte erst nur, und mit jedem Reinigungsversuch wurde ich noch wütender. Wir drei Jungs haben uns dann Schlafsäcke und Feldbetten geholt, in der Werkstatt aufgebaut und eine Totenwache gehalten. Bis zu der Beerdigung. Warum nur wir drei, bei über 30 Membern im Charter West Side? Da hatten wir sie wieder, die Brüderschaft, die verschworene Gemeinschaft der Hells Angels. Sobald es ungemütlich wurde und nichts zu verdienen war, sah man sie nicht mehr, die sogenannten Bros, unsere Brüder.

Das konnte ich auch Monate später feststellen, als ich ein Fernsehinterview mit dem mediengeilen Vize des Charter West Side sah, der sich bundesweit auch als Pressesprecher der Hells Angels aufspielte. In dem Beitrag über Robert K. erklärte unser Vize, dass unser Bruder »Anfang des Jahres ermordet« worden sei. Anfang des Jahres? Es war Ende Mai! Der Pisser wusste nicht einmal, wann einer seiner langjährigen »Freunde« sein Leben für den Club gelassen hatte. Derart unwichtige Details wie der Todestag eines Bruders waren für egomanische Selbstdarsteller offenbar nicht wichtig. Dafür fuhr man dann aber mit ernsten Gesichtern zu »Memory Runs«, also Trauer- und Gedenkfahrten. Der schöne Schein musste schon stimmen bei den Hells Angels, dieser verschworenen Gemeinschaft, in der alle eine Familie bildeten.

Aber mir war das zu diesem Zeitpunkt schon völlig gleichgültig. Besser, die Sache mit zwei Brüdern durchstehen, die es auch ehrlich meinten, als mit zehn Opportunisten. Wir haben schließlich, als endlich alles sauber war, auch noch die Trauerfeier vorbereitet. Die sollte ja schon am Samstag, also drei Tage nach dem feigen Mord in der Werkstatt, stattfinden. Es mussten Klimaanlagen aufgebaut werden, Stühle und natürlich die Bahre, auf der der Sarg am Ende würdevoll stehen sollte.

Die Trauerfeier selbst war dann immerhin sehr eindrucksvoll. Es kamen mehr als 1000 Gäste aus ganz Europa. Ein würdiger Abschied für Robert, unseren Bruder, der dem sogenannten Rockerkrieg, wie die Medien es nannten, zum Opfer gefallen war.

Kurz nach der Tat wurden Heino B., 48, aus Bremen und Thomas K., 36 – ihres Zeichens Mitglieder des Bandidos MC –, verhaftet und im Dezember 2007 vor Gericht gestellt. Auf die Spur der beiden war man schnell gekommen. Sie hatten genau die Fehler gemacht, die wir stets zu vermeiden wussten. Im Zuge der Polizeiermittlungen konnte man die beiden mutmaßlichen Täter zum Zeitpunkt des Mordes an Robert K. über ihre Mobiltelefone in Tatortnähe orten. Außerdem war bei der Auswertung von Überwachungskameras herausgekommen, dass ein Auto, das einem der beiden Täter zugeordnet werden konnte, in der Nähe der Werkstatt unseres getöteten Bruders gefilmt worden war. Jeweils 300 Bandidos und ebenso viele Hells Angels waren zum Prozessauftakt am Landgericht im vorweihnachtlichen Münster aufmarschiert. Dazu über 1000 Polizisten. Obwohl die beiden angeklagten Tacos nichts zugaben – aber auch nichts leugneten –, wurden sie nach einem aufreibenden Indizienprozess im Juni 2008 wegen gemeinschaftlichen heimtückischen Mordes und Verstoß gegen das Waffengesetz zu lebenslangen Haftstrafen verurteilt. Die Verteidigung hatte Freispruch gefordert, aber das Gericht war der Indizienkette der Anklage gefolgt.

3.

Mir ging es zu jener Zeit beschissener denn je. Der Tod von Robert machte mich fertig. Ich war nervlich am Anschlag. Und so kam es dann auch fast unausweichlich etwa zwei Wochen nach der Beerdigung zu einem Eklat.

Freitagabend, Clubhaus. Es war mal wieder eine der unzähligen Feiern. An jenem Abend wurde das Fünfjährige einiger Member zelebriert. Nicht der Rede wert, sollte man denken, aber zu solchen Jubiläen gab es wieder ein paar kleinere Privilegien und einen netten Anstecker mit einer »5«. Man durfte sich dann auch neue Tätowierungen stechen lassen. Alles musste eben seine Ordnung haben. Was mich mal wieder ziemlich nervte, denn solche Äußerlichkeiten waren für viele Member offenbar der einzige Antrieb, überhaupt bei den Hells Angels dabei zu sein.

Ich war oben im Memberbereich und lief wie ferngesteuert herum, hielt mich an ein paar Bieren fest und hatte auch schon genügend Koks in der Nase. Ich war gerade auf dem Weg zur Bar, um ein wenig nachzulegen, als mir ein Gast den Weg kreuzte – ein Typ, den ich noch nie gesehen hatte, der sich aber wegen irgendwelcher Beziehungen hier im Allerheiligsten des Angel's Place tummeln durfte. Wie auch immer, das Mindeste wäre wohl gewesen, dass er mich, ein Member, wenigstens grüßt. Das tat er aber nicht. Und so wischte ich ihm erst mal eine. Der Typ knallte rücklings auf den Boden, und es kam sofort zu einem kleinen Gerangel, das aber schnell wieder im Trubel unterging.

Etwa eine Stunde später hing ich am Tresen und bekam mit, wie ein Member, der seinem Patch zufolge aus dem Charter Heilbronn stammte, über einen meiner Brüder ablästerte. Es war irgendwas in Richtung »Der tickt nicht richtig« und »Arschloch«. Zu dumm nur, dass dieser Pisser ausgerechnet über einen meiner wenigen verbliebenen Freunde in unserem Laden sprach.

Ich nahm meine Kippe aus dem Mund und drückte sie ohne Vorwarnung einfach auf seiner Wange aus. Der Typ hat nicht mal gezuckt, so verblüfft muss der gewesen sein. Und dann drosch ich nur noch auf ihn ein. Ich wollte ihm die Jacke ausziehen – sie ihm wie eine Haut vom Körper abstreifen. Ich war völlig außer mir, schrie herum: »Du bist kein Hells Angel, du bist keiner von uns.« Ich war rasend, außer mir, randvoll mit Koks, Alkohol und tiefer Wut über alles, was ich in den letzten Monaten erlebt hatte. Ich schlug zu, so fest ich nur konnte, und der Typ wehrte sich nicht mal.

Ein paar Leute zogen mich dann weg. Wer weiß, was ich sonst noch mit dem Kerl angestellt hätte. Und ich dachte, die würden den Idioten einfach rausschmeißen. Er hatte einen von uns beleidigt. Einen Bruder! Aber nicht der Typ wurde vom Hof gejagt, sondern ich. Nicht ihm hatte man versucht, Anstand beizubringen, sondern mir wurde nachdrücklich erklärt, dass man so nicht mit Gästen umspringen könne. Ich ging hinauf in den Memberbereich und zitterte vor Wut. Ich verstand sie nicht mehr, die Welt um mich herum. Ich fragte mich, warum der eine Kerl keinen Respekt vor mir hatte und warum der andere so reden und trotzdem seine Jacke behalten durfte. Ich war allein, und die Party rann langsam in den Morgen hinein, aber ich konnte nicht aufhören, zu saufen und zu koksen. Die Wut ließ mich immer noch zittern. Es kochte in mir, und es wollte einfach nicht aufhören.

Ich nahm mein Messer aus der Tasche, ließ die Klinge herausschnappen und schnitt langsam in meinen linken Arm, wie in Zeitlupe, ganz saubere Schnitte, es tat fast nicht weh, und ich beobachtete, wie sich dicke Blutperlen auf den Wunden bildeten, die dann platzten und rot an mir herabflossen. Aber der innere Schmerz wurde nicht weniger. Also setzte ich die Klinge an meiner Wange an und schnitt wieder ganz sanft hinein. Es wurde heiß, und irgendwann tropfte es auch aus meinem Gesicht purpurrot auf den Tisch.

Aber ich blieb immerhin in dem Raum sitzen. Wäre ich rausgegangen, hätte ich an diesem Morgen das halbe Charter abgestochen. Für mich war alles plötzlich ganz klar. Eine Fotze wie dieser Typ durfte das 81er-Patch tragen. Dasselbe Patch, das auch ich auf meinem Rücken trug. Und daraus gab es nur eine Schlussfolgerung: Also war auch ich eine Fotze. Es war die einfache Logik eines Verblendeten. Damals war das ein unglaublicher innerer Konflikt, der mich auch Tage danach noch nicht schlafen ließ. Ich fühlte mich im Recht, aber mein Recht bekam ich nicht.

Alles wurde vollkommen klar und unausweichlich – nichts anderes war mehr denkbar. Ich ging nach unten, wo noch ein paar Leute rumhingen, und sagte: »Ich hör auf.« Ich schrie nicht, sprach aber sehr laut und deutlich. Jetzt erst wurden die paar Besoffenen, die noch herumhingen, wieder auf mich aufmerksam. Dann zog ich meine Jacke aus, die nunmehr für mich so derart beschmutzt war, schmiss sie auf den Boden und trampelte auf ihr herum. Mit den Füßen auf dem Deathhead. Ein fast noch schlimmeres Vergehen, als ein Member zu vermöbeln. Alle sahen es, und die Überwachungskameras oben in der Decke nahmen diese unheimliche Szene fleißig auf. Dann ging ich wieder nach oben, knallte die Tür zu und war mir sicher, dass ich nun rausfliegen würde.

Aber es kam keiner in mein kleines Exil. Mit meinen blutverschmierten Armen und dem Monstergesicht schien ich nicht sonderlich diskussionsbereit zu wirken. Durchs Fenster sah ich, wie immer mehr Member ankamen, das Gepolter und Gemurmel vor der Tür wurde von Minute zu Minute lauter. Erstaunlich, denn es war ja ein früher Samstagvormittag und die Party längst vorbei. Aber die Telefonkette funktionierte offenbar, und es hatte sich wohl in Windeseile herumgesprochen, dass hier etwas geboten wurde. Das Clubhaus füllte sich, und es waren tatsächlich fast alle da. Aber noch immer kam keiner zu mir nach oben.

Irgendwann klopfte es zaghaft an der Tür. Ein flaumbärtiger neuer Hangaround stand im Zimmer. Wie mutig die 81er doch waren: schickten die arme Sau von einem Hangaround vor, um für den Rest der Heldenarmee die Lage zu sondieren.

»Alles okay bei dir?«, fragte er, und der Junge wirkte ernsthaft besorgt. Um sich, aber auch um mich.

»Sehe ich so aus, als wäre alles okay?« Und dann fügte ich noch eine Drohung an: »Ich stech jeden ab, der hier reinkommt.« Offenbar wirkte das nicht so, wie es eigentlich sollte, denn nun trauten sich doch auch einige Member in das Zimmer. Erfreulicherweise nur jene, mit denen ich auch gut konnte. Sie redeten auf mich ein und versuchten, mich zu beruhigen.

Einer saß noch lange neben mir. Er sagte einfach gar nichts, und das tat gut. Ich trank einen Orangensaft. Und tatsächlich, der Dampfkochtopf in meinem Bauch verlor langsam an Druck und machte langsam einer großen Leere Platz.

Eine Stunde saßen wir wohl schweigend nebeneinander, dann tauchte irgendwann unser Sergeant at Arms auf. Etwas fassungslos sah er mich an, machte nur »Aha« und sagte dann: »Das ist auf jeden Fall ein 86.« Zu dem Zeitpunkt wusste er aber wohl nur von dem ersten Vorfall. Als man ihm dann die ganze Geschichte dieses Abends erzählt hatte, sackte er merklich in sich zusammen. Er musste reagieren, rief sofort den Präsidenten an und teilte mir nur fünf Minuten später mit, dass ich suspendiert sei. Nach vier Wochen als Member war ich »suspended«. Das war wohl ein neuer Weltrekord.

4.

Ich hätte auch rausfliegen können. Warum das nicht passierte, weiß ich bis heute nicht. Vielleicht wussten sie um meine guten Seiten. Dass ich einer der wenigen Soldaten war, die auch marschierten, wenn es sein musste. Zwischen all den Dummschwätzern und Feiglingen brauchte ein Club wie die Hells Angels, die ja nun gerne mal Probleme auf ihre Art lösten, eben auch Brüder, die zulangen konnten. Und die gehorchten, wenn es darauf ankam.

Kapitel 11

Meinen Ausraster schoben sie auf den Alkohol, weshalb ich dann auch meinen »86er« bekam. Aber es war nicht der Alkohol, das wusste ich ganz genau. Ich hätte auch nüchtern so gehandelt. Und ich würde heute wieder so handeln.

Nun ging alles seinen bürokratischen Gang. Die Suspendierung wurde per Mail allen deutschen Chartern mitgeteilt, das war wohl so üblich. Wie es auch normal war, dass eine Ernennung zum Hangaround, Prospect oder Member allen mitgeteilt wurde. Und nach kurzer Zeit hatte ich schon die ersten Reaktionen in meinem elektronischen Postfach. Die meisten wunderten sich darüber, wie das gehen konnte – suspendiert nach vier Wochen. Auch ein paar Anrufe zum Thema bekam ich in der Folgezeit. Aber eigentlich wollte ich nicht mehr über diese Sache reden.

Formell lief die Sache so, dass ich mein Patch und auch alle anderen Clubinsignien abgeben musste. Ich durfte nur noch Supporter-Klamotten tragen, die sich ja auch jeder Außenstehende kaufen konnte. Ich musste alles, also Hosen, Gürtel, Jacken und T-Shirts der Hells Angels, dem Sergeant at Arms überreichen, der das Zeug für mich verwahrte. So lange, bis die Suspendierung aufgehoben wurde. Ich packte den Kram am folgenden Tag in einen großen blauen Müllsack und brachte ihn dem Sergeant kommentarlos vorbei.

Ich durfte weiterhin an den Freitags-Meetings teilnehmen, denn ich war nach wie vor Member – mit allen Rechten und Pflichten. Nur eben ohne Uniform. In den folgenden Wochen hätte ich beweisen müssen, dass ich mir die Suspendierung zu Herzen nahm und mich gebessert hatte. Wenn der Präsident und die anderen hohen Herren dann davon überzeugt gewesen wären, hätte man die Suspendierung wieder aufgehoben, und die Sache wäre aus der Welt geschafft worden. Das konnte nach vier Wochen geschehen, aber auch sehr viel später. Im Schnitt dauerte eine Suspendierung rund drei Monate.

Ich verhielt mich trotzdem wie immer. Aber ein bisschen guten Willen wollte ich schon signalisieren. Wann immer es in den folgenden Wochen darum ging, irgendwelche Arbeiten am Clubhaus zu erledigen oder ein paar Freiwillige zu finden, die einen Besuch bei einer Schrottparty eines anderen Charters machten, reckte ich meine Hand in die Höhe und meldete mich freiwillig. Flensburg, Kiel, kein Weg war mir zu weit und keine Party zu lausig, als dass ich nicht hingefahren wäre und den Club vertreten hätte. Dort allerdings konnte ich dann auch nicht anders, als mich mit »Hallo, ich bin Tom, Suspended Charter West

Side« vorzustellen. Das wiederum kam nur mittelgut an. Die meisten schüttelten den Kopf und nahmen die Sache wohl ernster als ich. »So stellt man sich nicht vor«, blökte mich nach einiger Zeit unser Präsident an, nachdem er davon erfahren hatte.

Den »86er« hatte ich von Anfang an ignoriert. Als erwachsener Mann wollte ich mir von keinem vorschreiben lassen, wann, wo und wie viel ich saufen und koksen durfte. Wenn ein »86er« über ein Member verhängt wurde, durfte auch kein anderes Mitglied Drogen oder Alkohol an den derart Geächteten weiterreichen. Offiziell jedenfalls. Inoffiziell sah das natürlich ganz anders aus. Mit dem einen oder anderen konnte ich nach wie vor rausgehen und ein Bier trinken. Außerdem war ich – wie gesagt – erwachsen genug, mir notfalls auch selbst mein Bier zu holen. An die Verbote hatte ich mich schon als Prospect nicht gehalten, warum also jetzt als Member oder als »Suspended«?

Das allerdings hatte zur Folge, dass das mittlerweile aufgetaute Verhältnis zu unserem Sergeant at Arms wieder merklich frostiger wurde. Er wusste natürlich, was ich von seinen Verboten hielt, und hatte mich in der Folgezeit nur noch still und vorwurfsvoll angeschaut. Ich goss mir dann extra noch einen Jägermeister ein, sodass es auch möglichst viele mitbekommen mussten. Aber keiner wollte etwas gesehen haben.

5.

Und dann stand die endgültige Trennung von meiner damaligen Frau an. Im Sommer 2007 war absolut nichts mehr zu retten. Nach einem miesen Streit hatte sie von mir eine Ohrfeige bekommen. Ich hatte die Frau noch nie geschlagen, aber irgendwie hatte es mir wohl mal wieder die Sicherung rausgehauen. Ihr Auge schwoll sofort zu, und noch am selben Abend zog sie mit Tyson zusammen ins Frauenhaus. Da war ich allerdings schon weg, um bei Melanie unterzuschlüpfen. Es war das Ende unserer Ehe, aber noch lange nicht das Ende unserer »Beziehung«.

Nicht ganz eine Woche später rief mich ein Bekannter an und erzählte mir, meine Frau liege nun im Krankenhaus. Ich wollte das nicht glauben und rief eine gemeinsame Bekannte an, um die Sache zu verifizieren. Nur zwei Stunden

Kapitel 11

später bekam ich die Bestätigung. Daraufhin fuhr ich sofort los, um mir die Angelegenheit selbst anzusehen. Auf der Station angekommen – bis dahin hatte man mich noch gelassen –, zickte mich sofort eine Schwester an, ich solle das Krankenhaus unverzüglich verlassen. Andernfalls rufe sie die Polizei.

Ich fuhr nach Hause, wo ich die ganze Woche nach dem Vorfall nicht mehr gewesen war. Kaum angekommen, klingelte es auch schon an der Tür. Als vorsichtiger Mensch schaute ich mir das Ganze erst mal auf den Überwachungskameras an. Und siehe da: Draußen standen vier Polizisten. Ich war mir keiner Straftat bewusst und öffnete die Tür. Die Herren meinten, sie wollten im Auftrag meiner Frau Kleidung und Spielsachen für Tyson holen. Und seinen Kinderausweis.

Ich dachte mir nichts dabei. Zumal mein Sohn ja nun wirklich nicht unter dieser Sache leiden sollte. So gewährte ich den Beamten Einlass in unser Haus. Sie hatten sich ziemlich genau beschreiben lassen, wo die Sachen zu finden waren, und arbeiteten ihre Liste in Tysons Kinderzimmer akkurat ab. Fehlte nur noch der Kinderausweis. Ich hatte keine Ahnung, wo der sein sollte, aber auch da hatte meine Frau die Männer in Grün genauestens instruiert: im Küchenschrank bei den Kaffeetassen, stand auf dem Zettel. Ich schlurfte in die Küche, hinter mir die Polizisten, und öffnete arglos die Tür des Küchenschranks. Was ich dort sah, ließ mich innerlich erstarren: Neben den Kaffeetassen lagen zwei meiner Pistolen. Die Polizisten standen glücklicherweise so, dass sie nicht in den Schrank hineinsehen konnten. Ich fingerte den Kinderausweis heraus und schaffte es, die Schranktüren schnell und unauffällig wieder zu schließen.

Und nur einen Augenblick später schwirrten mir schon die ersten Fragen durch den Kopf. Wie kamen diese Dinger dorthin? Wer wollte mich hier auffliegen lassen? Niemals hätte ich meine Waffen dort aufbewahrt. Und dann wurde es mir sofort klar. Das konnte nur sie gewesen sein. Um mir eins auszuwischen und mich hinter Gitter zu bringen. Rosenkrieg in Lingen.

6.

Nach diesem Vorfall wollte auch ich die Wohnung endgültig verlassen. Ich holte einen großen Koffer und warf wahllos ein paar Sachen hinein, die mir gehörten. Als ich die Winterpullis oben aus dem Kleiderschrank zog, fiel ein kleines Gerät auf den Teppich. Ich bückte mich und sah, dass es ein Diktiergerät war. Mit einer kleinen Kassette drin. Ich wunderte mich ein wenig, denn das Ding hatte ich noch nie gesehen. Noch mehr wunderte ich mich über das, was ich da hörte, als ich es einschaltete. Lautes Geschrei, ein Mann, eine Frau, hin und her, meine Ex und ich im lauten Streit. Neben all den Beschimpfungen, Beleidigungen und Vorwürfen fielen auch Namen aus dem Club. Es ging um Drogen- oder Waffengeschäfte und einiges mehr. Auch das eine Falle, in die ich gottlob nicht hereingetappt war. Gleichwohl ist es interessant, dass meine Exfrau, die heute noch immer in den Bremer Hells-Angels-Kreisen »verkehrt«, damals im Zuge eines Ehestreits den gesamten Club mit in den Abgrund reißen wollte. Ihre Anzeige wegen Körperverletzung wurde später nicht weiter verfolgt. Wer sich erst eine Woche nach einem angeblichen Übergriff in ein Krankenhaus begibt, darf nicht damit rechnen, als glaubwürdiges Opfer ernst genommen zu werden. Ja, es gab ein paar wenige Handgreiflichkeiten in unserer Ehe, und die tun mir heute noch leid. Nur bei der Geschichte, für die sie mich angezeigt hatte, war nichts. Und das führte schließlich auch zur Einstellung des Verfahrens.

Ich zog dann bei Melanie ein. Ich wollte mit meiner Exfrau nie wieder unter einem Dach leben. Aber bevor ich Melanie anrief, hatte ich noch einige meiner Brüder aus dem Club kontaktiert. Ich fragte, ob sie mich vielleicht ein paar Tage bei sich aufnehmen könnten. Die Zahl der absurden Ausflüchte war erstaunlich. Keine Zeit, kein Platz, ich renoviere gerade – es war so ziemlich alles dabei. Helfen indes wollte mir keiner. Und dabei ging es mir zu jener Zeit finanziell wahnsinnig dreckig. Aber auch das hatte den Club nicht weiter interessiert.

Ich war irrsinnig enttäuscht. Und legte es nun richtig darauf an, endgültig rausgeschmissen zu werden. Ich benahm mich pausenlos daneben. Wann immer sich die Gelegenheit bot, erzählte ich bei den offenen Abenden den Gästen, was für ein Scheißladen das Charter West Side doch sei. Und auf einem der folgenden Meetings wurde ich schließlich gefragt, wie oft ich denn gegen meinen »86er« verstoßen hätte. Meine Antwort war deutlich: »Seit dem ersten Tag. Ich hab schon eine Stunde später wieder mit den Verstößen angefangen.«

Da stand ein Member auf und sagte den alles entscheidenden Satz: »Ich vertraue dir nicht mehr.«

Das kam im Grunde einem Antrag zum Ausschluss gleich, denn Vertrauen war nun mal die Grundlage dieses Clubs. Ich machte der Sache dann ein schnelles Ende und sagte:

»Ich möchte mit diesem Haufen hier nichts mehr zu tun haben. Ich hör auf.« Diesmal nüchtern und in aller Ruhe und damit zum ersten Mal auch wirkungsvoll. Eine Stille überkam den Raum, sekundenlang. Dann stand der Präsident auf und meinte:

»Na, so wichtig kann dir der Club dann ja nicht sein.« Ich musste in diesem Moment tatsächlich lachen und sagte: »Nein, so wichtig nicht.«

Was meine sogenannten Brüder nicht wissen konnten: Ich hatte mich gut vorbereitet auf dieses Showdown-Meeting. Mir war irgendwie schon im Vorfeld klar gewesen, dass es an jenem Abend wohl zu Ende gehen würde. Die Frage war also nur noch, wie das Ganze ablaufen könnte. Und: mit welchen Konsequenzen?

Meinen Kumpel Ahmed, dem Einzigen in diesem Laden, an dem mir etwas lag, hatte ich eingeweiht. Ihm hatte ich auch anvertraut, dass ich aufhören wolle, und geraten, besser nicht zu diesem Meeting an jenem Freitag zu kommen.

Stattdessen sollte Ahmed aus der Schusslinie bleiben, denn ich hatte für den Fall der Fälle im Auto alles vorbereitet. Falls etwas schiefgelaufen wäre. Ich war auf jede Eskalation vorbereitet, hatte eine Knarre bei mir und noch etwas Verteidigungsmaterial im Auto. Ich denke, wenn mir einer blöd gekommen wäre, hätte es tatsächlich auch gekracht. Ein paar Straßen weiter wartete zudem Ahmed in seinem Auto, und auch er war voll aufmunitioniert. Irgendein schräger Vorfall, und ich wäre in jedem Fall nicht einfach so aus dem Clubhaus hinausspaziert. Als Erstes hätte ich mir den Sergeant vorgenommen, so viel stand für mich schon fest. Und das zweite Ziel wäre dieser Idiot gewesen, der meinte, er könne mir nicht mehr vertrauen.

Aber es blieb alles ruhig. Keiner pöbelte, keiner machte mich dumm an. Es wurden lediglich drei Freiwillige gesucht, die mit zu mir kommen sollten, um alles aus meiner Wohnung zu holen, was mit dem Club zu tun hatte. So sind wir zunächst einmal ins Erdgeschoss gegangen, wo unsere Handys rumlagen, denn die durfte man ja nicht mit zum Meeting nehmen, und unter der Aufsicht der drei Jungs musste ich sämtliche Nummern löschen, die mit dem Club zu tun hatten. Der Sergeant stand neben mir und sagte: »Hör doch endlich mit dem dämlichen Grinsen auf.« »Ich kann nicht«, sagte ich, »ich kann einfach nicht.«

Wir gingen raus, stiegen in die Autos und fuhren zu Melanie, wo seit ein paar Tagen meine gesammelten Habseligkeiten untergebracht waren. Einen Schlüssel besaß ich nicht, deshalb hatte ich sie zuerst angerufen und ihr die ganze Sache erklärt. Alles Weitere lief dann ebenso unspektakulär ab wie das Meeting zuvor. Ich musste die Schränke aufmachen und ihnen zeigen, dass da nichts mehr war. Die paar Bilder und die restlichen Clubsachen, die ich noch hatte, drückte ich ihnen brav in die Hand. Das meiste hatte ich schließlich schon dem Sergeant bei meiner Suspendierung vorbeigebracht. Am Ende stand ich alleine mit dem Sergeant an der Wohnungstür. Die beiden anderen Jungs waren bereits unten am Auto. »Schade, dass es so weit kommen musste«, sagte ich in die Stille hinein, um am Ende noch irgendetwas Passendes anzubringen.

»Nächstes Mal erst überlegen, dann handeln«, sagte der Sergeant überheblich. Und dann kam die Krönung: »Noch etwas: Du hast natürlich ein Sprech- und Arbeitsverbot!«

Das schockierte mich nun wirklich. Das Sprechverbot war eine Art Kontaktsperre, die besagte, dass ich mit keinem aus dem Club mehr reden durfte. Und keiner aus dem Club mit mir. Was uns jedoch viel härter traf – insbesondere Melanie –, war das Arbeitsverbot für uns beide. Wir durften nach dieser Ansage des Clubs nirgendwo in Bremen mehr arbeiten. Oder besser gesagt: Niemand durfte uns Arbeit geben, außer er wollte Ärger mit dem Club riskieren. Und das galt überall, wo wir es mit den Hells Angels zu tun haben konnten. Also an jeder Tür, in vielen Kneipen und Discos. Das Schlimmste an dem Verbot für meine Freundin indes war, dass sie das Kind eines Members versorgen musste. Ihre und später auch meine Tochter!

Ihr Ex, der Vater des Mädchens, zahlte seit Jahren keinen Cent Unterhalt. Um die Sache noch etwas deutlicher zu machen: Wir hatten gleichsam ein Kind des Clubs, und dieser Club verbot uns letztlich, dieses Kind zu ernähren. Was für eine unfassbare Schweinerei. Und was für eine abartige Doppelmoral!

12. Der Aussteiger: Der Feind hört immer mit

1.

Aus meiner Enttäuschung über die Hells Angels wurde am Ende Hass. Meine Exbrüder mochten über mich denken, was sie wollten, und sie hätten mich meinetwegen auch bestrafen können. Wenn sie denn glaubten, dass eine Strafe für was auch immer notwendig gewesen wäre. Aber mit diesem Arbeitsverbot trafen sie in erster Linie meine Freundin und deren Tochter. Sie bestraften das unschuldige Kind eines Bruders. Ihr leiblicher Vater war immerhin ein Mitglied der Hells Angels in Hannover, des größten Charters Europas. Und am Ende war es sein Kind, sein eigen Fleisch und Blut, das unter diesem Bann zu leiden hatte. Der Tochter dieses Members aus dem mächtigsten Charter Deutschlands, die mit dieser ganzen Sache am allerwenigsten zu tun hatte, wurde von den Alle-für-einen-Brüdern der Hells Angels letztlich die Lebensgrundlage entzogen. Was für Scheißkerle!

Der Mutter dieses kleinen Mädchens war es von den Hells Angels verboten worden, in Bremen zu arbeiten. Ihr war es nicht mehr gestattet, für den Lebensunterhalt eines kleinen Engels zu sorgen. Und der Pisser von Vater in Hannover hatte sich – als er davon erfuhr – nicht eingemischt. Er wusste von dem Arbeitsverbot, und es war ihm offensichtlich scheißegal, ob sein leibliches Kind etwas anzuziehen hatte oder nicht. Alle für einen ...

Melanie verlor so auch ihren Job als Security im Weserstadion. Die Sicherheit bei Werder-Spielen lief über eine Firma, die den Red Devils unterstand. Und die Red Devils wiederum waren zwar ein eigenständiger Motorradclub, unterstützten aber die Hells Angels – gleichsam als Nachwuchskader. Interessant dabei ist allerdings auch, dass ein als sympathisch geltender Fußballclub seinen Ordnungsdienst von gewaltbereiten Rockern durchführen ließ. Aber das wäre ja noch mal ein ganz anderes Thema ...

Es wurde Melanie seitens der Red Devils ganz klar untersagt, weiterhin zur Arbeit zu kommen. Das Arbeitsverbot traf uns am Ende zwar nicht so hart wie befürchtet, weil ich trotz der Ansage des Sergeants weiterhin verschiedene Türjobs machen konnte. Aber ich war immer noch reichlich angepisst, und ich hätte zu jener Zeit wirklich alles getan, um diese Schweine zu provozieren. So konnte es nicht weitergehen! Das, was da geschah und von allen auch geduldet und geschluckt wurde, schrie einfach zum Himmel. Und mir, der ich schon eine ganze Zeit lang gegrübelt hatte, was ich gegen diese Fotzen unternehmen könnte, kam irgendwann eine großartige Idee: Ich würde in Bremen Rot-Gold wieder zum Leben erwecken. Das war es. Die Bandidos, die wir einst aufgelöst hatten, müssten wieder zurück in die Stadt, und ich wäre dann fortan einer von ihnen, ein beschissener Taco!

Und zwar Fullcolour für mich und die paar Leute, die ich in der Zwischenzeit aus meinem Umfeld zusammengetrommelt hatte. Wir waren uns alle einig, dass wir nicht mehr in einem anderen Chapter die komplette Anwärter- und Probezeit durchlaufen wollten. Diesen Quatsch hatten wir bereits alle bei den Angels, bei Gremium oder anderen Clubs hinter uns gebracht. Eines war zu jener Zeit klar: Wenn schon ein Taco, dann nur in vollen Farben!

Ich wählte eine Kontakttelefonnummer aus der Biker-News und landete bei einem Secretary der Bandidos. Ich erklärte ihm, dass ich ein Ex-Angel sei und gerne zu einem offenen Abend kommen würde. Und so fuhr ich wenig später in Absprache mit dem Taco-Sekretär nach Osnabrück. Die Fronten waren halbwegs geklärt – schließlich hatten wir Teile meiner Vorgeschichte bereits am Telefon besprochen. Aber eben nur Teile ...

Was ich zu jener Zeit leider nicht wissen konnte: Die Telefone der Hüte wurden von den Bullen abgehört. Die Bandidos hatten wohl irgendeine Sache laufen. Offiziell war von »Vorbereitung eines Explosions- oder Strahlungsverbrechens nach § 310, Abs. 1 StGB« die Rede. Wie auch immer. Alles, was ich mit den Tacos selbst, und alles, was diese Typen über mich am Telefon besprochen hatten, konnte ich später in den Abhörprotokollen der Polizei nachlesen. Und zwar als Beschuldigter in einem großen Strafverfahren. Aber erst mal der Reihe nach:

2.

Glaubt man den Ermittlungsbehörden, lief meine erste Kontaktaufnahme mit den »Bandidos« wie folgt ab:

Anschlussnummer: 0049-17X-XXXXXXX
11.12.2007, Dienstag, 18.01 Uhr
Teilnehmer 1: Paul
Teilnehmer 2: Tom
Tom: Hallo.
Paul: Hallo.
Tom: Ja, Tom hier, Ex-Hells-Angel Westside, moin moin.
Paul: Aha, hey.
Tom: Hey, ich würde gern Freitag am offenen Abend bei euch vorbeischauen, wenn's okay ist.
Paul: Wir haben nicht offen diesen Freitag.
Tom: Nur, wenn's passt.
Paul: Nee, nee, wir haben nicht offen, deswegen.
Tom: Ja, deswegen ruf ich vorher an, um einen Termin abzusprechen oder sonst irgendwas...
Paul: Nee, nee,... äh, weil es ist im Augenblick ein bisschen viel los, das weißt du selber.
Tom: Ja, das weiß ich, auf jeden Fall.
(...)
Tom: Nee, nur so, dass es euch passt. Also, das dann auf jeden Fall... sag ich, und dass ein Ex-Angler kommt.
Paul: Ja, na gut, es ist immer besser anzurufen.
(...)
Tom: Ich würde auch noch 'nen Kollegen mitbringen. Also, ich bin auf jeden Fall Ex-Member und würde noch einen mitbringen.
(...)
Paul: Pass auf, am Freitag haben wir, wie gesagt, definitiv nicht auf, äh... entweder schickst du mir deine Nummer rüber, dann kann ich dich anrufen. (...) Wann wir aufhaben oder ob wir uns einfach mal oder ihr nur so vorbeikommen wollt, aufn Kaffee gucken, äh... äh... Kaffee trinken oder so.

Tom: Nee, nee, ich möchte schon gern euch kennenlernen, ne. Du weißt ja, wie es früher war, Politik ist eine Sache, ne... aber Ziel ist, das kann ich dir schon jetzt sagen, ja, ich möchte eigentlich gern Bremen wieder aufmachen.
(...)
Paul: Okay, alles klar, hau rein.
Tom: Nur für den Namen oder so, noch mal: Tom. Falls du noch mal Rücksprache halten musst.
Paul: Ja, kriegen wir hin.

So spielte sich – in Auszügen zumindest – nach offiziellen Polizeiprotokollen mein Erstkontakt mit den »Bandidos« ab. Warum also die eigene Erinnerung bemühen, wenn die Behörden alles schwarz auf weiß festhalten? Und die Telefonüberwachung ging ja schließlich munter weiter.

3.

Ich schickte diesem Paul meine Mobilnummer per SMS und bekam schon am 20. Dezember 2007 eine Antwort – auch als Kurzmitteilung:
»Treffpunkt am 28.12. um 16 Uhr. Hotel Wald in 49076 Osnabrück Bandido Jimmy 1/er«

Jimmy, der 1%er höchstpersönlich. Die Sache war ausgemacht – ich hatte also meine Einladung. Den Namen des Lokals habe ich aus Rücksicht gegenüber den Pächtern, die mit solchen Aktionen schließlich nichts zu tun haben, einfach mal geändert. Ganz egal auch, wie der Laden damals hieß – ich war im Begriff, mich in die Höhle des Löwen zu begeben. Ein Ex-Angler aus dem Charter West Side, das sich im »Krieg« mit den »Bandidos« befand, traf sich mit dem Erzfeind zu einem Aufnahmegespräch. Und was die Hüte nicht wussten: Ich war damals schließlich dabei, als die Bande in Bremen aus der Stadt geprügelt wurde. Die besinnliche Weihnachtszeit konnte also am 28. Dezember 2007 für mich womöglich ein jähes Ende finden.

Oder sogar schon einen Tag früher. Denn am 21. Dezember piepte mein Handy erneut. Wieder eine Kurzmitteilung:
»Aenderung, Treff ist am 27.12. Ort und Zeit bleibt. Bandido Jimmy 1/er SGT AT ARMS BMC XY«

Dann eben unmittelbar nach den Festtagen – je früher, desto besser, dachte ich mir, denn die Sache machte mich ganz schön nervös. Ich konnte einfach nicht ahnen, wie so ein erstes Treffen mit den Tacos ausgehen würde …

4.

Es ging glimpflich aus. Ich saß mit dem Präsidenten und dem Sergeant at Arms zusammen, wir plauderten ein wenig über meine Pläne, und nach ein oder zwei Stunden gingen wir wieder auseinander. Der Präsident meinte, er müsse diese Angelegenheit auf »nationaler Ebene« besprechen, und sagte mir, dass man sich wieder melden werde. Ich war beeindruckt. Diese beiden Hüte waren geradlinige Männer. Ganz anders, als ich sie mir vorgestellt hatte. Und ganz anders, als ich es von den Hells Angels kannte.

Am 1. Januar 2008, so konnte ich es später den Abhörprotokollen der Polizei entnehmen, sprachen die Tacos wohl erstmals darüber, dass ich »beide Male bei Heino dabei gewesen« sei. Diese Nachricht kam offenbar von Jimmy, dem Sergeant at Arms. Ich selbst konnte zu jener Zeit natürlich nicht ahnen, wie viel die Hüte bereits über mich herausgefunden hatten. Und noch heute kann ich es mir nicht erklären, wie sie darauf gekommen sind, dass ich bei beiden Aktionen gegen Heino B. dabei gewesen sein könnte. Ich denke, sie haben einfach eins und eins zusammengezählt. Bei der ersten Nummer, als die Tacos von Gremium auf die Mütze bekommen hatten, war ich ein Gremium-Mitglied. Und bei der zweiten Sache war ich bei den Engeln. Eins und eins …

Ich selbst hatte bis dahin nichts mehr von den Bandidos gehört und wartete nun gespannt auf die weitere Entwicklung. Und dann, endlich, erhielt ich wieder eine Nachricht von dem Bandido-Sergeant – und wurde zu einem Meeting am 18. Januar ins Ruhrgebiet eingeladen. Es kam also langsam doch Bewegung ins Spiel.

5.

Die aufmerksamen Ermittler registrierten am 17. Januar eine weitere SMS von mir an den Bandido »Jimmy«:
»Meld dich mal wegen morgen. Hab nicht mehr genug kohle zum runterfahren. Vielleicht kann mich ja jemand mitnehmen. Gruß psycho tom.«

Die Sanktionen der 81er in Bremen hatten also doch Früchte getragen. Ich war ausgebrannt und zu dieser erbärmlichen Bittsteller-SMS gezwungen. Viel tiefer konnte man eigentlich kaum noch sinken …

Die Antwort der Hüte kam schon eine Stunde später:
»Ok, abfahrt wallenhorst dann richtung centrum auf der aral tanke um 18.30. holen dich da ab. Bandido Jimmy 1/er SGT AT ARMS BMC XY«

In Bremen hatten sich meine Pläne offenbar schon herumgesprochen. Vom Fenster unserer Wohnung aus konnte ich zu jener Zeit immer wieder ein paar Exbrüder von Rot-Weiß langsam vorbeifahren sehen. Es wurde kurz angehalten, zu uns hochgeglotzt und dann wieder weitergefahren. Passiert ist in all diesen Tagen nichts, aber ohne Knarre traute ich mich zu jener Zeit schon lange nicht mehr aus meiner Bude. Irgendetwas brodelte, ich wusste nur noch nicht, was es war.

Und dann kam der 18. Januar. Ich stand an der Tankstelle und wartete auf meine Mitfahrgelegenheit. Aufregung kam auf, vielleicht sogar ein wenig Angst. Was ich da vorhatte, wäre in manchen Kriegsberichten sicher als Selbstmordkommando beschrieben worden: Ein einzelner Ex-Angel wartete auf eine Wagenbesatzung Exfeinde, um mit ihnen zu einem größeren Exfeinde-Treffen ins Ruhrgebiet zu fahren. Wobei nicht einmal klar war, ob vielleicht nur ich diese Brüder als ehemalige Gegner begriff, während diese Jungs sich schon darauf freuten, ein bisschen tätowiertes Frischfleisch durch die Mangel zu drehen. Aber ich hatte diese Entscheidung getroffen, und nun musste ich es auch zu Ende bringen. Es gab kein Zurück mehr.

6.

An die Autofahrt selbst erinnere ich mich nur undeutlich. Ich weiß nur, dass ich mich selten zuvor mieser und unbehaglicher gefühlt habe. Und dieses Unbehagen sollte in der Taco-Bude im Ruhrgebiet noch eine Steigerung erfahren. Da es während der Fahrt schon dunkel war und ich aufgrund meiner Anspannung ganz andere Sorgen hatte, könnte ich heute nicht einmal mehr sagen, in welcher Stadt das Treffen abgehalten wurde, aber ich meine, es war in Bochum.

Ich wurde in einen schummrigen Raum geführt, nachdem die Hüte mich im Eingangsbereich auf Waffen und Abhörmikrofone abgesucht hatten, und plötzlich stand ich da: der Ex-Angler vor den Nationals der »Bandidos«. Gleichsam nackt, mehr oder weniger wehrlos und in jeder Hinsicht ausgeliefert.

Die Herren starrten mich mit durchdringenden Blicken an. Ich wusste in diesem Augenblick, dass ich nur einen Fehler machen konnte: Angst zu haben und Angst zu zeigen. Und: Ich musste gerade sein. Alles andere würde sonst zwangsläufig zu einer mittleren Katastrophe führen.

Ich wurde zu meinen Plänen in Bremen gefragt und vor allen Dingen zu meinen Beweggründen, die 81er zu verlassen. Ich erzählte den Hüten in aller Kürze, was vorgefallen war, und je mehr ich mich warmgeredet hatte, desto mehr bekam ich das Gefühl, dass der Abend doch noch einen guten Verlauf nehmen würde.

Bis plötzlich die Frage aufkam, ob ich an der Sache gegen Heino B. beteiligt gewesen sei.

Damit hatte ich zu diesem Zeitpunkt schon nicht mehr gerechnet. Selbstverständlich spukte mir in den Tagen zuvor immer mal wieder diese Frage durch den Kopf. Aber da ich mir nicht ausmalen wollte, wie ein solches Treffen nach meiner möglichen Antwort enden könnte, verwarf ich diesen Gedanken schnell wieder.

»Warst du an der Geschichte gegen Heino B. beteiligt?«, fragte mich der National der Tacos. Ich schaute vorsichtig in die Runde. Und dann gab ich die einzig mögliche Antwort: »Ja, ich war dabei!«

Im Namen des Volkes ... und das war's dann wohl.

Die Jungs musterten mich mit ernsten Blicken, und dann, nach einer quälend langen Schweigeminute, erhob der Taco-Präsident wieder seine Stimme:
»O.k., das war eine klare Antwort. Wir müssen das jetzt zuerst einmal mit unserem Bruder besprechen. Wenn Heino dir seinen Segen gibt, können wir weitersehen...«

Ich ging mit wackligen Knien aus dem Versammlungsraum. Es war nichts passiert. Noch nicht. Aber nun wusste jeder, dass ich mit dafür verantwortlich war, dass einer ihrer Brüder im Knast saß. Und wegen einer Mordanklage damit rechnen musste, lebenslang in den Bau zu wandern. Der Abend ging irgendwann zu Ende, und irgendwie wurde ich danach auch wieder zurückgefahren. Wie, das weiß ich heute beim besten Willen nicht mehr.

Am Tag darauf erhielt ich eine Nachricht von den Tacos. Auch diese ist in den akkuraten Abhörberichten der Polizei nachzulesen:

»Ok, meinen respect für gestern. Bandido Jimmy 1/er SGT AT ARMS BMC XY«

Ich hatte mir also immerhin den Respekt der »Bandidos« verdient. Das wenigstens wusste ich nach dieser SMS. Was ich allerdings nicht wissen konnte: Da bei jedem Wort, das in jener Zeit geschrieben oder gesprochen wurde, auch die Bullen mit an Bord waren, wurde die Schlinge um meinen Hals langsam zugezogen. Noch nicht spürbar, aber gnadenlos.

7.

Für den 2. Februar 2008 wurde noch eine weitere SMS von mir abgefangen, in der ich bei »Jimmy«, meinem Kontaktmann zu den »Bandidos«, nach dem Stand der Dinge nachgefragt hatte. Die Antwort kam prompt:

»Alles offen, haben ein termin mit heino wird dann gesprochen. Melde mich Jimmy 1/er«

Das alles sah im Grunde gar nicht so schlecht für mich aus. Zu dumm nur, dass eifrig alle Telefongespräche mitgeschnitten wurden, in denen die Tacos offen über mein sogenanntes Geständnis plauderten. Sie ahnten ja nicht, dass

sie abgehört wurden. Für die Ermittler am anderen Ende der Leitung las sich das Ganze dann so:
Werner: Dann hat er mir gesagt: Du, dann bring den Vogel mal mit, ich gucke mir den mal an. Jetzt waren wir gestern in Bochum, und die erste Frage war natürlich so, an welchen Aktionen warst du beteiligt, und er dann, Leer und Clubhaus, unsere Leute, ne.
Timmy: Ja.
Werner: So, da war er aber zu dem Zeitpunkt in Leer, war er Gremium, und zum Zeitpunkt unser Clubhaus in Bremen, da war er Hangaround, er musste mit.
Timmy: Ja.
Werner: So, ja klar, was da passiert ist, wissen wir alle, und da war das Gespräch schon beendet.
Timmy: Ach so.
Werner: Und da haben Jimmy und ich den wieder ins Auto gepackt und haben ihn wieder mitgenommen.

Über das sprachliche Vermögen – »Timmy« einmal ausgenommen – ließ sich natürlich streiten, über den Inhalt dieses Telefongespräches leider nicht. Die Polizeibehörden, die eigentlich wegen einer ganz anderen Sache die Osnabrücker Bandidos abgehört hatten, bekamen ganz nebenbei eine »heiße Spur« in dem noch immer gänzlich unaufgeklärten Überfall auf die Bremer Tacos serviert. Und diese heiße Spur war dummerweise ich.

13. Der Gefangene: Ein unmoralisches Angebot

1.

Am 15. April 2008 wurde ich von Beamten des Mobilen Einsatzkommandos der Zentralen Kriminalinspektion Oldenburg verhaftet. Die Aktion lief ganz schnell ab. In dem Observationsbericht der Polizei las sich das so: »Ca. 14.35 Uhr: Eine weibliche Person und Tom P. verlassen die Waller Heerstraße und begeben sich in die Lauenburger Straße, wo die Frau einen VW Golf mit dem Kennzeichen HB-XY-123 besteigt. Der P. setzt sich in das ZF (das Zielfahrzeug), Ford Scorpio, HB-YZ-456, und fährt auf der Lauenburger Straße in Rtg. Waller Ring. An der Einmündung zum Waller Ring wird dieses Fahrzeug angehalten und der P. gg. 14.42 Uhr in dem Fahrzeug sitzend widerstandslos verhaftet. Bei der Festnahme wird die Seitenscheibe der Fahrertür zerstört. 15.05 Uhr Ende der Observation.«

Aus meiner Perspektive sah die Festnehme so aus: Als ich an jenem Tag zu Hause losfuhr, setzte sich plötzlich ein weißer VW-Bulli vor mich, während von hinten ein dunkler Opel näher kam. An einer Straßenkreuzung bremste der Bulli ab, sodass auch ich anhalten musste. Ich kapierte zunächst gar nicht, was da gerade im Gange war, als innerhalb weniger Sekunden ein paar Leute mit Pistolen in den Händen aus den beiden Fahrzeugen sprangen und auf mich losstürmten. Bevor ich überhaupt reagieren konnte, wurde mein Seitenfenster mit einem Hammer eingeschlagen, und nur einen Moment später hatte ich eine Knarre im Gesicht hängen. Zugriff!

Ich wurde aus meinem Wagen gerissen, zu Boden gebracht, und schon war ich mit Handschellen auf dem Rücken und einer sackähnlichen Augenklappe über dem Gesicht überwältigt. Meine Freundin Melanie muss diese ganze Aktion mitbekommen haben, denn kurz nachdem ich auf der Straße zu Fall gebracht worden war, hörte ich auch schon ihre Stimme. Sie wollte zu mir, wurde aber offenbar von Polizeibeamten daran gehindert. Ich sei verhaftet, hörte ich einen Bullen sagen, und dann konnte ich nur noch einen letzten Zuruf von ihr aus dem ganzen Stimmengewirr heraushören: »Mach dir keine Sorgen, ich rufe sofort deinen Anwalt an!« Und das war's.

Die ganze Festnahme lief so schnell und überraschend ab, dass ich im Grunde gar nicht richtig kapiert hatte, was eigentlich geschehen war. Einer meiner ersten Gedanken war nur: Bitte lasst unsere Kleine aus dem Spiel. Wenn nur Melanies Tochter nichts von dieser Aktion mitbekommen hatte! Eine Hoffnung, die leider vergebens war. Die Kleine war natürlich Augenzeugin dieser widerlichen Sache geworden. Was musste in dem unschuldigen Kopf dieses Kindes wohl vorgegangen sein?

Ich wurde in ein Fahrzeug geschleppt, wo mir dann endlich auch der Grund für meine Verhaftung mitgeteilt wurde. Es ging offenbar um den »Überfall auf einen Motorcycle Club«, um »schweren Raub« und »gefährliche Körperverletzung«. Es war ganz klar: Die meinten die Taco-Nummer in Bremen! Aber woher konnten die Bullen wissen, dass ich bei dieser Sache beteiligt war? Hatte mich vielleicht einer von Rot-Weiß verpfiffen, als Rache für meinen Ausstieg? Unmöglich, denn dann hätten die Pfeifen sich ja selbst mit hineingeritten. Ich fand keine plausible Erklärung für meine Verhaftung und saß nun mit einer Haube über dem Kopf in einem Bullenfahrzeug, ohne zu wissen, wohin die Typen mich bringen wollten. Erst auf der Autobahn zog mir einer der Polizisten die Augenklappe wieder runter. Er gab sich als Beamter des Landeskriminalamtes Niedersachsen, Abteilung Organisierte Kriminalität aus. Und er verriet mir das Ziel unserer Reise: Verden an der Aller. Organisierte Kriminalität, das klang nicht gerade erfreulich. Was war ich denn? Doch sicherlich kein Mafia-Mitglied oder dergleichen. Ich war doch nur ein gefallener »Engel«. Oder etwa nicht?

2.

Auf dem Polizeirevier angekommen, verweigerte ich erst einmal die Aussage. Inzwischen hatte man mir wenigstens auch den Haftbefehl vorgelegt. Und darin stand:

»Der Beschuldigte ist dringend verdächtigt,
am 22. März 2006
in Stuhr-Brinkum
durch dieselbe Handlung
gemeinschaftlich handelnd

1. mit Gewalt gegen eine Person oder unter Anwendung von Drohungen mit gegenwärtiger Gefahr für Leib oder Leben eine fremde bewegliche Sache einem anderen in der Absicht weggenommen zu haben, die Sache sich oder einem Dritten rechtswidrig zuzueignen, wobei er oder ein anderer Beteiligter am Raub bei der Tat eine Waffe oder ein anderes gefährliches Werkzeug verwendete und eine andere Person bei der Tat körperlich schwer misshandelte,
2. mit einem anderen Beteiligten gemeinschaftlich eine andere Person körperlich misshandelt oder an der Gesundheit beschädigt zu haben.
Verbrechen und Vergehen, strafbar gemäß §§ 223 Abs. 1, 224 Nr. 4, 249 Abs. 1, 250 Abs. 2 Nr. 1, Nr. 3a, 223, 224, 25 Abs. 2, 52 StGB.

Gründe:

I. Der Beschuldigte steht in dringendem Verdacht des schweren Raubes (§ 249 Abs. 1, 250 Abs. 2 Nr. 1, Nr. 3a StGB) in Tateinheit mit gefährlicher Körperverletzung (§ 224 Nr. 4 StGB). Der dringende Tatverdacht gegen den Beschuldigten beruht auf folgenden Beweisanzeichen:
1. Am 22. März 2006 zwischen 16.00 Uhr und 19.30 Uhr wurden in Stuhr-Brinkum fünf Personen, bei denen es sich bei dem derzeitigen Stand der polizeilichen Ermittlungen um Mitglieder des Motorradclubs »Bandidos MC Bremen« handelt, in ihrem Clubheim sowie der Betreiber einer angrenzenden KFZ-Werkstatt von 10–15 vermummten Personen überfallen. Die Opfer wurden mit unbekannten Schlagwerkzeugen niedergeschlagen und mittels mitgeführtem Werkzeug gefesselt. Bei allen Opfern fanden sich Folgen mehrfacher stumpfer Gewalteinwirkung gegen den Hirnschädel, unter Blutungen an den Händen (handrückenseitig) bzw. den Unterarmen, zudem doppelstriemartige Verlet-

zungen am Stamm bzw. an den Extremitäten fast sämtlich quer zur Körperlängsrichtung, Verletzungen an den Unterschenkeln mit Anzeichen hoher Schlagintensität. Aus dem im Clubraum befindlichen Tresor wurden Patches und Insignien des Bandidos MC im Gesamtwert von ca. 200,– Euro entwendet, einem wehrlosen Opfer zudem Bargeld in Höhe von ca. 200,– Euro und ein Ring mit einem Bandido-Emblem.

2. Der dringende Verdacht einer Tatbeteiligung des Beschuldigten an der eingangs geschilderten Tat beruht auf dem Ergebnis der polizeilichen Ermittlungen, insbesondere dem Ermittlungsergebnis in anderer Sache, auf den Aussagen mehrerer Opfer und dem Ergebnis der rechtsmedizinischen Untersuchung.

II.
1. Es besteht der Haftgrund der Fluchtgefahr (§ 112 Abs. 2 Nr. 2 StPO), weil bei Würdigung der Umstände des Einzelfalles die Gefahr besteht, dass der Beschuldigte sich dem Strafverfahren entziehen als dass er sich ihm stellen werde. Dafür spricht neben der Straferwartung – die konkrete Tatausführung des schweren Raubes ist mit mindestens fünf Jahren Freiheitsstrafe bedroht – der Umstand, dass der Beschuldigte Absichten hegt, seinen Lebensmittelpunkt in den Iran zu verlegen. Dem stehen soziale Bindungen und sein berufliches Umfeld – der Beschuldigte ist arbeitslos – nicht entgegen.
2. Daneben besteht der Haftgrund der Verdunkelungsgefahr (§112 Abs. 2 Nr. 3 StPO), weil mit hoher Wahrscheinlichkeit anzunehmen ist, der Beschuldigte werde darauf ausgehen, in unstatthafter Weise die Beweislage zu verändern, wenn er nicht verhaftet wird. Diese Gefahr gründet sich in den Lebensumständen des Beschuldigten, der als Mitglied eines Motorradclubs mit dem Ehrencodex belegt ist, seine Brüder über neue Situationen, insbesondere auch über aktuelle Ermittlungsverfahren der Ermittlungsbehörden, sofort zu unterrichten, damit sich seine Brüder hierauf einstellen können.

Unterzeichnet von einem Oberstaatsanwalt XY«

So gerne ich über die komplizierten und umständlichen Formulierungen dieses Haftbefehls gelacht hätte, das alles war nun wirklich nicht mehr lustig. Natürlich fand ich es beachtenswert, dass davon gesprochen wurde, ich wolle in den Iran auswandern. Das war eine blöde Drohung meiner Exfrau gegenüber gewesen, mehr nicht. Und doch fand es Eingang in meinen Haftbefehl. Die Jungs vom LKA hatten also in der Tat sehr sorgfältig recherchiert.

Unzählige Fragen kreisten mir beständig durch den Kopf. Was wussten die noch? War ich der Einzige, der aufgeflogen war, oder saßen die anderen auch schon hinter Gittern? Antworten auf diese Fragen erhielt ich natürlich keine. Ich war nun ein Häftling, wurde in eine Zelle gebracht und konnte mich dort, nach Tagen und Wochen der Aufregung, endlich ein wenig ausschlafen. Und eines war mir damals auch sofort klar geworden: In dieser Sache musste ich in jeder Hinsicht ausgeschlafen sein!

3.

Am folgenden Tag standen wieder die Beamten des Landeskriminalamtes in meiner Zelle. Sie fragten mich erneut, ob ich zu den Vorwürfen irgendwelche Angaben machen wolle, und als ich dies natürlich verneinte, zogen die Beamten die Zellentür hinter sich zu, setzten sich auf meine Pritsche und begannen ein ernstes Gespräch.

Es sah in der Tat nicht gut für mich aus. Offenbar gab es stichhaltige Beweise für meine Beteiligung an dem Überfall auf die Tacos. Und mir drohten mindestens fünf Jahre Bau. Wir hatten damals tatsächlich unter strafrechtlichen Gesichtspunkten einen entscheidenden Fehler gemacht: Wir hätten weder den Taco-Scheiß wie die Patches und den Computer mitnehmen und schon gar nicht einen der Hüte zwingen dürfen, den Tresor zu öffnen. Das war dumm, denn räuberische Erpressung und schwerer Raub wurden in Deutschland deutlich härter bestraft als eine gefährliche Körperverletzung. Fünf Jahre aufwärts! Das waren nun wirklich keine schönen Aussichten.

Die Beamten klärten mich auf. Ich war als Einziger in dieser Sache verhaftet worden, und notfalls würde man dieses Verfahren auch gegen mich alleine durchziehen. Mit allen Konsequenzen. Es sei denn – und nun wurde die Sache delikat –, ich würde als Kronzeuge arbeiten. Man könne mich in ein Zeugenschutzprogramm aufnehmen, hieß es, und ich würde fortan ein neues Leben beginnen dürfen.

Ich sagte zunächst einmal gar nichts. Was ich da gehört hatte, musste ich erst sacken lassen. Die Beamten waren wieder draußen, und ich saß allein in meiner Zelle und grübelte. Ich war noch nie ein Verräter gewesen. In meinem ganzen Leben stand ich immer zu den Dingen, die ich getan hatte. Schleimscheißer, Opportunisten oder gar Verräter waren mir immer verhasst. Und ganz egal, wie ich am Ende durch mein Leben ging: Ich tat es immer aufrecht!

Kronzeuge. Verräter. Zeugenschutz. Grauenhafte Begriffe allesamt, die ich in den folgenden Stunden nicht mit mir in Einklang bringen konnte. Gleichzeitig kam jedoch auch die ganze Wut wieder hoch, die sich in den Wochen und Monaten zuvor in mir angestaut hatte:

Wo war sie denn, die Brüderlichkeit und die Kameradschaft bei den Hells Angels?

Wer war schuld daran, dass Melanie in Bremen keine Arbeit mehr fand?

Wer trug die Verantwortung dafür, dass meine Freundin ihre kleine Tochter – das Kind eines Hells Angels – nicht mehr richtig versorgen konnte?

Wer hatte denn eigentlich am Ende mich, meine Freundin und deren Tochter verraten?

Die Hells Angels! Meine sogenannten Brüder waren die eigentlichen Verräter! Und für diese Bande sollte ich nun meinen Kopf hinhalten? Für diese Pisser hätte ich nun also ins Gefängnis gehen sollen und mich an das ominöse »Gesetz des Schweigens« halten müssen?

4.

Ich verlangte, mit meiner Freundin sprechen zu dürfen. Wenn ich eine Entscheidung treffen sollte, dann musste es in jedem Fall unsere gemeinsame sein. Nur mit ihr zusammen wollte und konnte ich diese Angelegenheit durchstehen.

Kapitel 13

Am folgenden Morgen kam Melanie zu Besuch. Wir sprachen lange über die Sache und alle möglichen Konsequenzen, und zu meiner Verblüffung war sie einverstanden. Meine Freundin gab mir unmissverständlich zu verstehen, dass sie mich bei dieser schwierigen Entscheidung unterstützen würde. Und unser kleines Mädchen auch. Melanie hatte mit ihr gesprochen, und es war klar geworden, dass das Kind in mir tatsächlich seinen Vater sah. Und dass es sein Leben unbedingt mit mir teilen wollte. Ich war zu Tränen gerührt.

Mein Anwalt versuchte mich von dieser Idee abzubringen, aber nur wenige Stunden nach dem Besuch von Melanie ließ ich die Beamten vom LKA rufen. Ich war bereit, meine Aussage zu machen. Denn eines stand fest: Wenn das Boot schon untergehen sollte, dann wenigstens mit Mann und Maus!

Zunächst verlangte ich allerdings von den LKA-Leuten, mir zu erklären, was sie mir zu bieten hatten. Was sie daraufhin alles aufzählten, klang eigentlich gar nicht schlecht:

»Du machst eine Aussage und kommst mit einer Bewährungsstrafe davon! Wir passen auf euch auf!

Ihr bekommt einen Umzug an einen unbekannten Ort bezahlt, Geld spielt keine Rolle!

Ihr kriegt eine Wohnung, Möbel, alles, was ihr zu einem neuen Leben braucht!

Den Kontakt mit euren Familien müsst ihr abbrechen, auch den zu alten Freunden!

Wir sind immer für euch da!«

Wir sind für euch da! Verdammt, das war doch der Satz, den ich mir in meinem Leben immer gewünscht hatte. Dass er nun ausgerechnet von ein paar Bullen des LKA kommen musste, war eigentlich traurig genug. Aber alles, was die Beamten mir vorgetragen hatten, klang einigermaßen vernünftig. Bevor ich jedoch meine Aussage machte, wollte ich noch einen Termin bei dem leitenden Oberstaatsanwalt. Ich wollte mir die ganzen Versprechungen der Bullen noch einmal aus seinem Mund bestätigen lassen. Mit Melanie, meiner Lebensgefährtin, als Zeugin. Und auch dieses Gespräch fand statt. Der Mann von der Strafverfolgungsbehörde bestätigte, was seine Ermittler bereits versprochen hatten. Es war also an der Zeit, die Karten auf den Tisch zu legen …

Die Beamten wollten natürlich eine sogenannte Lebensbeichte, doch so etwas war mit mir nicht zu machen. Zum einen wollte ich nicht blindwütig mit Schrot auf alle schießen, die mich in den vergangenen Jahren irgendwie begleitet hatten, und ich beabsichtigte selbstverständlich auch nicht, mich bei Dingen, die nicht Bestandteil unseres Deals waren, in die Scheiße zu reiten. Denn eines war ja klar: Ich war bei den unterschiedlichsten Aktionen irgendwie anwesend. Ob ich dabei allerdings auch immer beteiligt war, ging letztlich niemanden etwas an. Ich war tatsächlich bereit zu »singen«, aber nur im Zusammenhang mit der Aktion gegen die Bremer Tacos.

5.

Nur kurze Zeit später wurde der Haftbefehl gegen mich tatsächlich ausgesetzt. Der Staatsanwalt hatte sich also an seine Zusage gehalten. Obwohl ich nichts von all dem schriftlich bekommen hatte. Eine Tatsache, die mir später noch einige Male bitter aufstoßen sollte.

15 Namen standen nach meiner Aussage auf der Liste der Ermittlungsbehörden. Ganz oben der des Sergeant at Arms. Es waren die Namen der 15 Hells Angels – mich eingeschlossen –, die am 22. März 2006 die Bremer Bandidos aufgelöst hatten und nun vor einem deutschen Gericht zur Rechenschaft gezogen werden sollten. Der Fall konnte also gut zwei Jahre später doch noch aufgeklärt werden. Und für mich stand spätestens mit dieser Liste eines fest:

Ich war so gut wie tot!

6.

Die von mir belasteten »Brüder« wurden allesamt – bis auf einen – auf dem Rückweg vom Euro-Run der Hells Angels in einer konzertierten Aktion festgenommen. Die Polizei hatte wohl aus Sicherheitsgründen das Ende des Treffens abgewartet, denn eine Rockerparty mit knapp 2000 Bikern zu stören wäre wohl auch den besten SEKs zu heiß gewesen. So schlugen die Bullen auf einer Autobahnraststätte zu, und fast das halbe Charter West Side wanderte an jenem

Tag in Untersuchungshaft. Da sich einer der Jungs auf der Flucht befand, mussten seine Kumpels wegen der »Verdunklungsgefahr« bis zum Prozessbeginn in Untersuchungshaft bleiben, was uns »Verrätern« natürlich nur recht sein konnte. Zeitgleich zu ihrer Festnahme durchsuchte die Polizei auch noch den Angel's Place in Bremen. Dort fand man sogenannte Betäubungsmittel – so viel zum Thema World Rules – und natürlich ein ganzes Arsenal an Hieb-, Stich- und Schusswaffen, wobei einige Waffen offenkundig bei einem Überfall auf ein Waffengeschäft in Ostwestfalen erbeutet worden waren. So wurde jedenfalls berichtet. Mir war das völlig gleichgültig. Während meine »Brüder« vermutlich gerade erkennungsdienstlich aufgenommen wurden, befand ich mich mit Beamten des Landeskriminalamtes auf dem Weg zu einem mir unbekannten Ort: einem Rasthof irgendwo nördlich von Bremen.

Als die Tür des Zivilfahrzeugs der LKA-Leute aufging, stürmte die Tochter meiner Freundin auf mich zu. Das kleine Mädchen rief: »Papa! Papa!« Zum ersten Mal in ihrem Leben nannte mich das kleine Kind Papa. Sie hatte sich mich für diesen wichtigen Part in ihrem Leben ausgesucht. Dieses Kind war jetzt meine Tochter! Mein Kind!

Ich umarmte Melanie und die Kleine. Und dann weinten wir alle drei – beobachtet von Kriminalbeamten, die besorgt auf eine schnelle Weiterreise drängten. Wir mussten schnellstens in Sicherheit gebracht werden. Unsere Wohnung, unsere Freunde, überhaupt alles, was uns bis dahin wichtig gewesen war in unserem Leben, sollten wir nie wiedersehen. Nach meiner Aussage bei der Polizei begannen sofort die Schutzmaßnahmen für Melanie und unsere Tochter. Das Leben der beiden wurde gleichsam auf die Sekunde mit meiner Unterschrift unter das Aussageprotokoll auf den Kopf gestellt. Schluss, aus! Wir existierten nicht mehr. Drei Leben, einfach gelöscht – aber wenigstens nicht ausgelöscht. Denn das war es wohl, was die Hells Angels von da an mit uns vorhatten. Mit einer einzigen Unterschrift war das Verhältnis von Melanie zu ihren Eltern besiegelt. Eine Unterschrift, und unser Mädchen hatte im Grunde keine Großeltern mehr. Keine Freunde, kein Zuhause, nichts. Es war, als würde man die »Delete«-Taste auf einer Computertastatur drücken. Aus, fertig, vorbei, die Festplatte wurde neu formatiert.

Dass wir in den folgenden zwei Wochen nur ein paar Kilometer außerhalb von Bremen untergebracht wurden, war nicht die Art von Nervenkitzel, die wir zu jener Zeit gebraucht hätten. Und wenn das die »Brüder« vom Charter West Side gewusst hätten, wäre die Sache damals wohl ein wenig anders ausgegangen. Aber sie fanden es zum Glück nicht heraus. Und heute dürften sie sich in den Hintern beißen, denn näher als damals sollten wir der Stadt Bremen bis heute niemals wieder kommen...

14. Der Kronzeuge:
Im Namen des Volkes?

1.

Nach den zwei Wochen in der Nähe von Bremen wurden wir an einen geheimen Ort gebracht, den ich selbstverständlich auch heute nicht nennen darf. Wie es mir überhaupt verboten wurde, über das Zeugenschutzprogramm zu sprechen. Weder mit etwaigen neuen Freunden oder Bekannten noch mit den Verwandten am Telefon, die wir bestenfalls mit unterdrückter Nummer anrufen. Und schon gar nicht in diesem Buch.

Wir waren im Nirgendwo und warteten auf den Prozess, den ich als Kronzeuge noch hinter mich bringen musste. Und nun ging es endlich los. Die ersten Termine standen fest, und eines Morgens ging es dann los. Von unseren Personenschützern wurde ich zu einem geheimen Treffpunkt gefahren. Von dort brachten mich ein paar SEK-Beamte zum Prozess nach Hannover. Nicht einmal die Beamten des Spezialeinsatzkommandos durften wissen, wo wir uns aufhielten. Die Geheimhaltung, der wir unterstellt waren, durchzog alle Instanzen. Nur eine kleine Handvoll von speziell ausgebildeten Personenschützern durfte uns wirklich nahe kommen.

Noch bevor ich in den Zivilwagen der Polizisten einsteigen konnte, wurden mir ohne jede Vorwarnung Handschellen angelegt. Auf meine Einwände hin hieß es nur: »Wenn nicht, kannst du ja allein hinfahren.« Ich saß also sechs Stunden gefesselt auf dem Rücksitz eines Autos, konnte mich kaum bewegen, und auch eine Toilettenpause wurde mir auf dieser langen Fahrt nicht gestattet. Ich bildete mir auf meinen neuen Titel »Kronzeuge« sicher nichts ein, ganz im Gegenteil, aber warum behandelte man mich wie einen Haufen Scheiße? War ich nicht derjenige, der diesen Prozess erst möglich gemacht hatte? War ich es nicht, der für diese ganze Sache seinen Schädel hinhalten musste? Ich hatte bestimmt keine Stretch-Limousine erwartet, die mich zum Prozess chauffiert hätte, aber ein wenig mehr Würde und Anstand schon. Stattdessen also wurde ich von ein paar Bullen mit Gesichtshauben wie ein Stück Schlachtvieh in einem gepanzerten Mercedes der S-Klasse zum Showdown nach Hannover gekarrt. Und heute, wenn ich darüber nachdenke, wird mir deutlicher denn je zuvor: Ich war in jeder Hinsicht Schlachtvieh. Nicht mehr und nicht weniger.

Mein Anwalt zeigte die SEK-Männer damals wegen Freiheitsberaubung an. Ein Anzeige gegen Unbekannt, denn die Spezialeinheit handelt in der Regel anonym, Namen und Dienstgrade gab es keine. Ich war ein »freier Mann« zu jener Zeit und hätte eigentlich nicht wie ein Häftling in einem Gefangenentransport nach Hannover überstellt werden dürfen. Das Verfahren wurde natürlich eingestellt. Die Beamten hätten wegen der »Eigensicherung« so gehandelt. Klar, gefährlich, wie ich war, hätte ich die Polizisten vermutlich sofort plattgemacht...

2.

Der Wagen hielt vor einem Seiteneingang. Überall standen schwer bewaffnete Polizisten, und dann wurde ich auch schon auf dem schnellsten Weg in einen streng abgeschirmten Büroraum geschoben. Da saß ich nun, trank literweise Kaffee und versuchte mich zu beruhigen. Ich hatte Angst. Nicht vor meinen Exbrüdern, sondern davor, dass ich vielleicht doch noch in den Knast wandern müsste. Denn nach all dem, was ich bis dahin erlebt hatte, schwand von Stunde zu Stunde mein Vertrauen in die Zusagen, die der Oberstaatsanwalt mir gemacht hatte.

Mein Misstrauen sollte auch begründet sein. Kurz vor Prozessbeginn teilte mir mein Anwalt mit, dass es zu einer Unterredung zwischen der Staatsanwaltschaft und den Strafverteidigern meiner »Brüder« gekommen war. Mein Rechtsbeistand war bei dieser Besprechung natürlich auch geladen, und was er da zu hören bekam, machte mir klar, dass ich mich eigentlich auf niemanden mehr verlassen konnte.

Der Ankläger, so berichtete mir mein Anwalt, sei wohl gefragt worden, ob ich einen »Deal« gemacht hätte, um eine geringere Strafe zu bekommen. Und die Antwort des Staatsanwaltes lautete: »Nein!«

3.

Nein! Kein Deal? Sollte ich also doch verarscht werden? Hatte mein Gefühl mich nicht getäuscht? In Absprache mit meinem Verteidiger fasste ich einen schnellen Entschluss: Wenn es also tatsächlich keinen Deal gab, dann würde ich auch nicht vor Gericht aussagen, so viel stand für mich in jener Lage sofort fest.

Ich hielt aber dennoch mein Wort. Allerdings machte ich vor Gericht klar, dass alles, was ich in meiner schriftlichen Aussage zu Protokoll gegeben hatte, der Wahrheit entsprechen würde. Mehr nicht. Ich hatte meinem Geständnis nichts mehr hinzuzufügen und schwieg in der Verhandlung beharrlich. Eine mündliche Aussage machte ich nicht mehr.

Als ich in dem Gerichtssaal saß und in die Gesichter meiner »Brüder« auf der Anklagebank blickte, sah ich ausschließlich Wut und Hass. Die Zuschauerreihen gefüllt mit Journalisten, Anglern und Huren – die meisten 81er waren schließlich mit Prostituierten liiert – und alle starrten sie mich an. Eine merkwürdige und unangenehme Form der Popularität, aber ich hatte es mir ja selbst so ausgesucht. Und nun musste ich da wohl auch durch.

Gleichzeitig war es interessant zu sehen, wie vermeintlich harte Männer, die im Zivilleben mit ihren schweren, bedeutungsschwangeren Kutten zumeist Angst und Schrecken verbreiten konnten, von denen ich manche allerdings nur als kleine Vollpfosten erleben durfte, nun ihren Killer- oder Vergeltungsblick aufgelegt hatten. Nur um mir eines mitzuteilen: Du bist erledigt!

Am Abend wurde ich erneut mit Handschellen gefesselt sechs Stunden heim zu meiner Familie gefahren, um am folgenden Morgen wieder dieselbe Strecke zurück nach Hannover zu rasen. Gefesselt. Eine lächerliche Aktion, die ich bis heute nicht verstehen kann. Weshalb brachte man mich während des Verfahrens nicht in einer geheimen Unterkunft in der Nähe des Gerichtes unter? So, wie wir damals die ersten zwei Wochen außerhalb von Bremen gehaust hatten? Eine Antwort konnte mir niemand geben.

4.

Da ich eine mündliche Aussage vor Gericht verweigert hatte, geriet der Prozess offenbar ins Stocken. Durch mein Schweigen war wohl ein langer, zäher Prozess mit unvorhersehbarem Ausgang befürchtet worden. Bei einer ganzen Armee von Strafverteidigern hätte man davon ausgehen können, dass ein Beweisantrag und ein Gutachten das nächste gejagt hätte. Und so kam es dann nach weiteren zähen Verhandlungen zwischen der Staatsanwaltschaft und den Verteidigern am zweiten Prozesstag zu einer Übereinkunft. Ein Deal! Ein weiterer Deal also in dieser unseligen Angelegenheit.

Die »räuberische Erpressung« und der »schwere Raub« wurden als Anklagepunkte fallen gelassen. Aus prozessökonomischen Gründen, wie es heißt. Die beiden Anklagepunkte, die am schwersten wogen und die höchsten Mindeststrafen beinhalteten, wurden im Gegenzug für die Schuldbekenntnisse der Angeklagten gestrichen. Es blieb also nur noch die Körperverletzung. Zu dem Vorwurf bekannten sich alle Angeklagten schuldig, und so wurden fast alle Bremer 81er zu einer Freiheitsstrafe in Höhe von zwei Jahren verurteilt, die allerdings zur Bewährung ausgesetzt wurde. Drei der »Brüder« erhielten Freiheitsstrafen zwischen zwei Jahren und sechs Monaten sowie zwei Jahren und zehn Monaten Gefängnis. Die Haftbefehle wurden sofort aufgehoben, und alle konnten noch im Gerichtsgebäude ihre Begleiterinnen wieder in die Arme schließen. Für die Hells Angels war das Urteil natürlich ein Sieg. Der Richterspruch war gleichsam ein Freispruch – und zwar erster Klasse. Der Outlaw Motorcycleclub führte eben ein Outlaw-Dasein. Ein Leben außerhalb der Gesetze. Auch in Deutschland. Ob so etwas noch als Rechtssprechung bezeichnet werden kann, müssen andere entscheiden.

5.

Und ich? Ich war der Verräter. Ich hatte das Gesetz des Schweigens gebrochen. Das Gesetz einer kriminellen Vereinigung, die sich stets außerhalb aller Gesetze bewegte und das auch noch immer tut. Ich war nun ein Ausgestoßener, auf den ein Kopfgeld in Höhe von 500.000 Euro ausgesetzt wurde. Das zumindest konnte ich noch in Erfahrung bringen, bevor mich die SEK-Beamten endgültig in meine neue Welt brachten. Eine Welt fernab von allem. Das wenigstens hofften wir...

15. Der Verräter: Tot oder lebendig

1.

Wir waren nun also in einem Schutzprogramm. So wurde das Konstrukt offiziell bezeichnet. Ob es uns tatsächlich und verlässlich Schutz bieten würde, mussten wir leider schon frühzeitig kritisch hinterfragen. Eine neue Identität, ja. Neue Namen, ein unbekannter Wohnort fernab von Bremen – all das wurde uns gewährt. Aber Schutz?

Vielleicht waren wir ein wenig naiv und hatten uns vorgestellt, dass ständig kräftige Männer mit schwarzen Sonnenbrillen und fast unsichtbaren kleinen Kopfhörern in unserer Reichweite zu unserer ständigen Verfügung bereitstünden. Ich weiß gar nicht mehr genau, was ich mir von einem Schutzprogramm erwartet hatte, denn schließlich ging ja alles ziemlich schnell. Aber richtig behütet kamen wir uns an unserem neuen Bestimmungsort dann doch nicht vor.

Ich weiß noch, wie wir eines Tages mit dem Wagen unterwegs waren und ich im Rückspiegel ein paar schwere Harleys entdeckte. Ganz egal, wie sehr ich das Tempo unseres Autos auch verlangsamte oder beschleunigte, diese komischen bärtigen Typen blieben über viele Kilometer hinweg an unserer Stoßstange kleben. Irgendwelche Patches oder Colours konnten wir zwar nicht erkennen, aber sowohl Melanie wie auch ich wurden von Minute zu Minute nervöser.

Irgendwann wurde mir die Sache dann zu bunt. Zur Passivität wollte ich mich nicht auch noch verdammen lassen. Wenn schon etwas im Busch sein sollte, dann wollte ich die Sache wenigstens nicht hinterrücks erleben müssen. Ich riss plötzlich und unvermittelt das Steuerrad zur Seite, bremste scharf auf einem Seitenstreifen, zog mein Messer unter dem Sitz vor und machte mich bereit.

Die drei Harleys tuckerten scheinbar unbeeindruckt an uns vorbei und verschwanden hinter der nächsten Kurve aus unserem Augenwinkel. Melanie notierte sich rasch die drei Kennzeichen, und als wir, noch immer leicht erregt, wieder zu Hause angekommen waren, rief ich unseren Kontaktmann beim Landeskriminalamt an. Doch es ging keiner ans Telefon. Ich versuchte es weiter und weiter. Erst nach zwei Tagen konnte ich in Erfahrung bringen, dass unser Betreuer im Urlaub war. Eine ungünstige Zeit also für einen Notfall...

2.

Heute weiß ich, dass wir uns nur auf uns selbst verlassen können. Durch meine Ausbildung zum Personenschützer habe ich zum Glück gelernt, wie man ein Objekt vor unerwünschten Besuchern absichern kann. Ich weiß, wo Bewegungsmelder und Kameras zu hängen haben – und ich weiß, wie man ein Leben führen muss, in dem die Augen vornehmlich nach hinten gerichtet sein müssen. Denn eines scheint mir heute klar zu sein: So, wie ich die mythenumwobenen Hells Angels kennenlernen durfte, werden sie uns – wenn überhaupt – aus dem Hinterhalt angreifen. Eines Tages vielleicht...

Oder wir werden, ganz zufällig und der fast unsichtbaren Handschrift der Hells Angels folgend, zum Opfer eines rätselhaften Autounfalles. Wer weiß das schon? Dass sich allerdings einer der glorreichen Member der Hells Angels West Side selbst an uns die Finger schmutzig machen wird, würde ich fast ausschließen. Die meisten meiner Ex-»Brüder« wären nach meinem Befinden hierfür wohl einfach zu feige. Von einem Sergeant at Arms aus dem Raum Bremen indes werden wir uns bestimmt nicht fürchten müssen, das ist uns beiden klar. Blieben noch die perfiden, für Banden des organisierten Verbrechens üblichen Auftragskiller aus den Ländern des ehemaligen Warschauer Paktes. Wie auch immer, wir werden sehen, wie die Sache eines Tages zu Ende gehen wird. Eines steht jedoch fest: Wenn wir eines unnatürlichen Todes sterben sollten, dann vermutlich durch feige und heimtückische Morde.

Mehr ist von diesem Club nicht zu erwarten. Denn alles, was er zu bieten hat, ist der äußere Schein. Nach innen ist der Hells Angels MC nach meinen Erfahrungen ein hochgradig faules Konstrukt. Es ist ein Potemkinsches Dorf mit wirkungsvoller Fassade. Es geht nicht um Freiheit, Individualität und Brüderlichkeit. Es geht auch nicht um Motorräder, Männerfreundschaften und Selbstverwirklichung. Bei den Hells Angels dreht sich alles nur um Macht, illegale Geschäfte, Unterdrückung und Gewalt. Nicht mehr und auch nicht weniger. Und das Ganze mit dem geringstmöglichen persönlichen Risiko für Sergeants, Präsidenten und andere Würdenträger.

Ich habe zeitlebens nach einer Familie gesucht. Ich wollte in einer Gemeinschaft leben, in der man sich gegenseitig vertrauen kann. Ich wollte Freundschaft, Brüderlichkeit, Treue, Sicherheit – und auch Liebe. All das, was mir als Kind verwehrt geblieben war. Ich habe diese Familie stets vermisst und verzweifelt gesucht. Bei der Bundeswehr, bei Gremium und schließlich beim Hells Angels MC.

Gefunden habe ich sie in einer Frau und einem kleinen Mädchen. Für diese Suche bin ich gleichsam »durch die Hölle« gegangen. Und obwohl ich all das gefunden habe, wonach ich immer suchte, fürchte ich fast, dass dieser Weg noch nicht zu Ende sein wird. Ich bin weiter buchstäblich in der Hölle – den Hells Angels sei Dank.

Am Ende aber stellen sich mir nur zwei Fragen:

Habe ich meine »Brüder« verraten? Ja, das habe ich wohl.

Und: Habe ich meine Freunde verraten? Nein! Denn Freunde waren sie nie!

16. Die Gefährtin: Ein Nachwort von Melanie W.

Auch ich war ein Teil der Hells Angels. Und das mehr als zehn meiner 36 Lebensjahre.

Anfang 1999 lernte ich den späteren Vater meiner Tochter kennen. Es dauerte nicht lange, bis wir zusammen waren.

Ich mietete mir eine größere Wohnung etwa dreißig Kilometer außerhalb von Bremen – weil er es so wollte – und wartete darauf, dass er wie versprochen schon bald bei mir einziehen würde. Aber ich wartete vergeblich, denn der Mann hatte noch eine ganz andere, viel größerer und stärkere Liebschaft: den Hells Angels MC.

Ich stand da, die meiste Zeit allein und mit einer Wohnung, die ich mir eigentlich gar nicht leisten konnte. Und mein Freund hatte andere Verpflichtungen. Er war in Hannover Prospect bei den 81ern und musste ständig zwischen mir in Bremen und den Hells Angels in Hannover hin- und herpendeln. Wenn er dann endlich einmal bei mir war, klingelte umgehend das Telefon, und er musste wieder los. Denn eines war ihm unter Höchststrafe verboten: Hätte er damals sein Handy ausgeschaltet und der Club hätte ihn in dieser Zeit versucht zu erreichen, wäre dieser vermeintlich gestandene Mann schnell fällig gewesen. Ich musste das akzeptieren, aber ich war in ihn verliebt und wollte unbedingt mit ihm zusammen sein. Und dann wurde ich schwanger.

Das war zunächst ein Schock. Doch ich freute mich schon sehr bald darauf, Mutter zu werden, und schmiedete die schönsten Zukunftspläne. Was sollte denn schon schiefgehen? Ich liebte diesen Mann, und nun trug ich sein Kind unter meinem Herzen. Und: Ich war schließlich die Freundin eines starken Mannes. Die Freundin eines Hells Angels und erwartete mit ihm zusammen einen kleinen Engel – mir konnte einfach nichts passieren...

Aber die Schwangerschaft verlief problematisch. Und irgendwann stritten wir uns noch, weil er gerade während dieser schwierigen Monate nie für mich da war. Ich hatte kein Geld, mein Job war weg, und aus der Wohnung, die ich für uns besorgt hatte, musste ich auch raus, weil ich die Miete nicht mehr zahlen konnte. Er selbst interessierte sich dafür allerdings nicht. Mein Freund war mit wichtigeren, größeren Dingen beschäftigt, er war schließlich bei Rot-Weiß!

Gleichwohl wollte er mich heiraten. Eines Tages, völlig unvermittelt, sprach er von Hochzeit. Doch das kam für mich da schon nicht mehr infrage, weil ich mich einfach nicht auf ihn verlassen konnte. Einen Mann, für den der Club an erster Stelle stand und die Familie nicht zählte, wollte ich nicht.

Meine Tochter kam neun Wochen zu früh auf die Welt. Ich fuhr an einem Sonntagmittag ins Krankenhaus und ließ ihn sofort benachrichtigen. Aber der Club ließ ihn nicht gehen. Es gab wohl eine wichtige Veranstaltung – oder eine gesellige Runde –, ich weiß es bis heute nicht.

Etwa zehn Tage später nahm er sich endlich einmal ein paar Minuten Zeit, um seine neugeborene Tochter das erste Mal zu sehen – und dann fuhr er zur »Arbeit«.

Im Club wurde er natürlich wie ein Held gefeiert. Er hatte schließlich seine Männlichkeit unter Beweis gestellt und einem kleinen Engel das Leben geschenkt. Mir gratulierte keiner. Ich war nur eine Frau, und die zählte nicht bei den Hells Angels.

Es kam, wie es kommen musste: Ich beendete unsere »Beziehung«. Dass ich nicht seine Nummer eins war, konnte ich gerade noch verkraften, aber dass ihm auch seine eigene Tochter gleichgültig war, brach mir das Herz. Dieses kleine Ding hätte ihm wichtig sein müssen. Aber es gab eben nur diesen Club.

Da wir nicht verheiratet waren, mussten wir zur Vaterschaftsanerkennung zum Jugendamt. Seinen Auftritt werde ich wohl nie vergessen: fettige Haare, dreckige Kleidung und das Patch auf dem Rücken. Als er der netten Jugendamtsmitarbeiterin stolz mitteilte, dass er »Wirtschafter« von Beruf sei, entglitten mir alle Gesichtszüge. Auf die Nachfrage der Beamtin hin, was das denn genau sei, blaffte er nur: »Ich arbeite in einem Puff!«

Ich konnte nicht glauben, dass er so etwas gesagt hatte. Es ging um die Vormundschaft meiner Tochter, und er laberte diesen Dreck daher, nur um sich vor dieser Frau wichtigzumachen. In Wirklichkeit war er nur ein kleiner Aushilfstürsteher in einer Bremer Diskothek. Aber dank seiner dümmlichen Aufschneiderei wurde ich in der Folgezeit mehrfach vom Jugendamt besucht, schließlich wollte man nach dieser Ansage völlig zu Recht prüfen, ob es meiner Tochter auch wirklich gut ging. Ich sorgte dafür, dass es der Kleinen an nichts fehlte.

Von dem Tag an, als ich mit ihm zusammen kam, war ich kein eigenständiger Mensch mehr. Ich war nur noch die Frau oder später dann die Ex von einem »Bruder«. Einen Namen hatte ich keinen mehr. Und trotz der Trennung war es für mich danach fast unmöglich, einen Mann kennenzulernen, denn ich war die Ex eines Hells Angels. Und wer sich an meiner Seite blicken ließ, wurde mit bösen Blicken oder fiesen Kommentaren wieder davongejagt. Denn ich war ja die Mutter eines Hells-Angels-Kindes.

Kaufen konnte ich mir von diesem Titel nichts. Der Vater des Engels zahlte keinen Cent Unterhalt, obwohl er mittlerweile sogar in einer Bar der Hells Angels in Hannover arbeitete und dort offenbar gutes Geld verdiente. Aber er ging lieber saufen und koksen, anstatt für seine Tochter aufzukommen.

Auch der Onkel und Großvater unseres Mädchens gehören zu den Hells Angels des Charters Hannover, und auch diese beiden Ehrenmänner fühlten sich nicht zuständig. Ich verlangte zu jener Zeit noch nicht einmal Geld, ein paar Windeln, Strampler oder ein wenig Babynahrung hätten mir schon genügt. Aber es kam nichts. Außer den paar Ankündigungen des stolzen Vaters, auf einen Besuch vorbeizukommen. Aber er kam so gut wie nie vorbei, und wenn doch, dann war er bis obenhin vollgekokst.

Ich versuchte, an den Wochenenden und teilweise auch unter der Woche in Kneipen oder Diskotheken zu arbeiten. Irgendwoher musste das Geld schließlich kommen. Aber statt Anerkennung oder Unterstützung erntete ich nur blöde Kommentare. Man zerriss sich das Maul darüber, dass ich mich an den Wochenenden herumtreiben würde. Dass ich mit diesen Jobs versuchte, für meine Tochter und mich zu sorgen, zählte nicht.

Irgendwann lernte ich Tom kennen – und lieben. Aber unsere Beziehung stand am Anfang unter keinem guten Stern. Er sollte sich die Freigabe von dem Erzeuger meiner Tochter holen. Und das war ihm naturgemäß zuwider, was ich sehr gut verstehen konnte. Und auch ich fühlte mich furchtbar gedemütigt. Ich war entmündigt. Der Club wollte mir tatsächlich vorschreiben, mit wem ich zusammen sein und wen ich lieben durfte. Dieser Club, der mich in all den Jahren nie unterstützte.

Der Erzeuger, der nie ein Vater war, sollte für mein Glück zuständig sein? Fehlte eigentlich nur noch das »Property of Hells Angels«-Tattoo, das so viele Huren von Rot-Weiß trugen. Aber immerhin, mein Ex gab sein Einverständnis, und alles schien doch noch gut zu werden.

Aber es gab ja noch den Bremer Sergeant at Arms, der fortan versuchte, unsere Beziehung zu torpedieren. Als Tom überstürzt bei mir einziehen musste, weil keiner seiner Brüder ihm helfen wollte, verlangte dieser Sergeant von uns, dass wir erneut bei meinem Ex um Erlaubnis fragen müssten. Hätte er Nein gesagt, wäre Tom vermutlich auf der Straße gelandet. Und keiner seiner Brüder hatte etwas einzuwenden, als der Sergeant Tom vor versammelter Mannschaft zu diesem Anruf aufforderte. Wir waren seit mehr als einem Jahr zusammen und mussten erneut auf die Zustimmung meines Exfreundes hoffen, den ich seit Ewigkeiten nicht mehr gesehen hatte und der nicht einmal seine eigene Tochter kannte...

Kurze Zeit später verließ Tom die Hells Angels, und ein weiteres Mal dachte ich, dass nun doch noch alles gut werden würde. Aber mit dem Austritt fingen die Probleme erst richtig an. Uns wurde ein Sprechverbot auferlegt, was uns von einem Moment auf den anderen zu Ausgestoßenen machte. Meine sogenannten Freunde, Bekannte und Arbeitskollegen, die ich zum Teil schon seit Jahren kannte, ignorierten mich plötzlich.

Doch das war noch lange nicht alles. Die Hells Angels in Bremen hatten auch dafür gesorgt, dass ich keine Jobs mehr bekam. Ich hatte ein Kind zu ernähren – das Mädchen eines ihrer Brüder! Aber das zählte nicht. Stattdessen wurden wir eingeschüchtert, bedroht und belästigt. Ein vernünftiges Ende schien nun so gut wie ausgeschlossen.

Und so kam es dann, wie es wohl kommen musste. Nach Toms Verhaftung standen meine Tochter und ich vor einer Entscheidung. Eigentlich war es keine, denn für uns gab es von Anfang an nur eine Alternative: Meine Tochter und ich liebten Tom, und wir hätten es niemals zugelassen, dass uns die Hells Angels trennen würden. Sicher, es gab Momente im Leben, in denen man sich Vorschriften machen musste. Aber nicht von würdelosen Männern ohne Rückgrat, die es allein mit einem schmutzigen Patch aus der Gosse geschafft haben.

Wenn ich es könnte, würde ich die ganze Sache gerne hinter uns lassen. Aber das werden wir wohl nie können. Wir führen ein Leben in ständiger Angst vor Entdeckung, und jeder unserer Tage ist davon geprägt, dass unsere Tochter in Gefahr geraten könnte.

Und trotz allem führen wir ein glückliches Leben. Ich habe ein wundervolles Kind, den Mann an meiner Seite, den ich liebe, und einen herzensguten Vater für meine Tochter. Ja, ich habe viel verloren in meinem Leben – am Ende aber mehr gewonnen. Ich war ein Teil der Hells Angels und habe mich lange, viel zu lange von diesem Club blenden lassen. Und ich glaubte tatsächlich auch, ich würde irgendwie dazugehören.

Ich hatte auch schöne Zeiten mit Rot-Weiß und verdammt viel Spaß. Ich genoss den Respekt der Leute, die nicht dazugehörten und deshalb auch glaubten, dass all die Legenden und Mythen um diesen Club herum tatsächlich der Wahrheit entsprachen. Ich selbst habe lange, viel zu lange gebraucht, um hinter die Fassade der Hells Angels zu schauen. Und wer diesen Einblick einmal bekommen hatte, fühlte sich getäuscht, enttäuscht und war zutiefst erschrocken. Alles, was hinter dieser schönen Fassade in Wahrheit zu finden ist, beruht auf Verlogenheit, Täuschung, Gewalt, Rücksichtslosigkeit, Schmutz und Egoismus.

Ich kann nach all den Jahren nur jeden Menschen davor warnen, sich mit den Hells Angels einzulassen. Wer Freundschaft, Brüderlichkeit und ehrlich gemeinte Treue sucht, sollte sich unbedingt anderweitig orientieren. Ein Leben für Rot-Weiß endet einsam, erbärmlich und nicht selten im Gefängnis. Und zum Schluss bleibt man allein. Und zwar richtig allein!

Ich hatte viele Freunde in Bremen aus jener Zeit, und nur wenige sind mir geblieben. Ich kann eure Namen hier nicht nennen, aber ihr wisst, dass ihr gemeint seid.

Euch, meinen Eltern und meiner Schwester möchte ich dafür danken, dass ihr immer hinter mir gestanden habt. Von Eurer Auffassung von Freundschaft, Vertrauen und Liebe könnte der Club, der so sehr auf Verschworenheit setzt, viel lernen. Ich fürchte nur fast, dass der Begriff Brüderlichkeit bei den Hells

Angels nirgendwo niedergeschrieben ist. Und gar keine Rolle spielt. Vermutlich nie gespielt hat!

Denn am Ende zählt für die Hells Angels nur eines: Einer für alle – jeder für sich.

17. Der Gejagte: Worte des Dankes

Gewidmet ist dieses Buch meiner Frau und meiner Tochter, die auch in den schwersten Zeiten und unter ständiger Lebensgefahr immer zu mir gehalten haben. In ihnen habe ich endlich das gefunden, was ich zeit meines Lebens gesucht habe: eine Familie, Liebe, Treue, Vertrauen – und Freundschaft.

Ein besonderer Dank geht an die Familie meiner Frau – den Großeltern meiner Tochter. Sie konnten die Entscheidung ihres Kindes verstehen, obwohl sie damit Tochter und Enkelin verloren haben. Ohne ihre Kraft und Güte hätten wir diesen Schritt in die Anonymität nie gehen können.

Unseres Sohnes Damien will ich hiermit gedenken, der leider während der Schwangerschaft von uns gegangen ist ...

Und ich möchte dieses Buch meinem Sohn widmen, der seinen Vater nie richtig kennenlernen durfte. Der HAMC, der dank seiner Mutter noch immer eine große Rolle in seinem kleinen unschuldigen Leben führt, hat maßgeblichen Anteil daran, dass wir beide uns wohl nie sehen werden können. Vielleicht liest du irgendwann diese Zeilen und vielleicht wirst du dann so manches verstehen.

Ich danke meinem Blutsbruder, der trotz etlicher Ansagen und Drohungen immer zu mir gehalten hat. Einer für alle – alle für einen.

Ein Dank geht an unseren ehemaligen Betreuer des Landeskriminalamtes Hannover – nennen wir ihn einfach Herrn Baum. Dass ich einmal gut über einen »Bullen« sprechen würde, hätte ich nie geglaubt. Er aber hat sich häufig über das vorgeschriebene Maß für uns eingesetzt. Und dafür werden wir ihm immer dankbar bleiben.

Und schließlich will ich meine beiden Co-Autoren würdigen. Jungs, ohne euch hätte ich das nicht geschafft! Eure Namen kann ich hier leider nicht erwähnen, weil sonst auch ihr von den Hells Angels bedroht werden könntet. Und das muss nun wirklich nicht auch noch sein!

Was für eine beschissene Welt das letztlich doch ist ...

18. Der Erklärer: Das Glossar

81: Chiffre für die Hells Angels. Steht für den achten und den ersten Buchstaben des Alphabets, also H.A.

7: Die Zahl 7 steht für den siebten Buchstaben des Alphabets, also »G«, und ist ein Code für den Motorradclub Gremium MC.

13: Diese Zahl steht für den Buchstaben »M« und ist als Chiffre für Marihuana gebräuchlich.

86: Diese beiden Zahlen stehen für »H« und »F« und bedeuten »Heroin Forbidden« – ein Edikt des amerikanischen Hells-Angels-Gründungsmitgliedes Sonny Barger, der wie viele andere »Engel« auch naturgemäß ziemlich alles an Drogen konsumiert hat, was auf dem Markt war. In der heutigen Hells-Angels-Szene bekommen Mitglieder bisweilen einen 86er, was bedeutet, dass sie über einen unbestimmten Zeitraum auf Alkohol und Drogen verzichten sollten.

Onepercenter / 1-Percenter: Die »Einprozenter«. Der Name geht auf eine Schlägerei zwischen Bikern im amerikanischen Hollister zurück. Im Jahr 1947 kam es dort zu Unruhen, woraufhin die American Motorcyclist Association sich bemüßigt sah, eine Erklärung zur Beschwichtigung der besorgten Bürgerschaft abzugeben. Darin hieß es: »99 Prozent der Motorradfahrer sind gesetzestreue Bürger, nur ein Prozent ist gesetzlos.« Dieser Ausspruch hatte in der Folgezeit viele Biker dazu bewogen, »1%«-Aufnäher zu tragen, damit auch wirklich jeder gleich wusste, mit wem er es gerade zu tun hatte.

ACAB: Abkürzung für »All Cops Are Bastards«.

DER ERKLÄRER: DAS GLOSSAR

AFFA: Leitspruch der Hells Angels – »Angels Forever, Forever Angels«.

Angel's Place: So nennen die Hells Angels ihre Clubhäuser. Das Haus der Bremer Hells Angels ist unter der Adresse Am Dobben 146, 28203 Bremen zu finden.

Ansage: Will freiwillig keiner erhalten. Eine Ansage gleicht einem Ultimatum, das entweder clubintern oder zwischen rivalisierenden Clubs gemacht wird. Wird sie nicht befolgt, endet die Sache meistens böse.
Associate: Das kann ein Verbündeter aus einem anderen Motorradclub sein, aber auch ein Kumpane bei Straftaten.

Backpatch: siehe »Colour«

Bandidos MC: Die zuständigen Ermittlungsbehörden zählen die Bandidos weltweit zu den Hauptgegnern der Hells Angels. Auch die Bandidos sind eine global organisierte OMCG (siehe »OMCG«), die der organisierten Kriminalität zugerechnet wird. Die Bandidos wurden 1966 in Houston/Texas gegründet.

Bones: Ein deutscher Motorradclub, 1968 in Frankfurt/Main gegründet, der sich 1999 den Hells Angels Germany anschloss.

Brigade 81: Ein Unterstützer- oder Supporter-Club der Hells Angels, wobei sich auch in diesem Namen die Zahl 81 auf den achten und ersten Buchstaben des Alphabets bezieht – HA, also Hells Angels.

Big House Crew: Hierbei handelt es sich um eine Vereinigung inhaftierter Hells-Angels-Mitglieder. Mit »Big House« ist das Gefängnis gemeint.

Bro: kommt aus dem Amerikanischen und ist die Abkürzung für »Brother«.

Brother: der Bruder, also ein Mitglied aus dem gleichen Club, der einer Familie ähnlich gesehen wird.

Kapitel 18

Chapter: Die wörtliche Übersetzung dieses englischen Begriffs lautet »Kapitel«. Unter Chapter versteht man die Niederlassung eines großen Clubs in einem bestimmten Ort oder einer Region. Ein Chapter besteht in der Regel aus mindestens 10 bis 20 Mann – größere MCs unterhalten in Deutschland bis zu 40 Chapter. Insbesondere die Bandidos bezeichnen ihre lokalen Gemeinschaften als Chapter.

Charter: Was den Bandidos ihr Chapter, ist den Hells Angels das Charter. Der englische Begriff wird mit »Lizenz« übersetzt, also gleichsam die Lizenz, an einem bestimmten Ort eine Clubfiliale zu eröffnen. Ganz wichtig: Bandidos und Hells Angels legen allergrößten Wert auf die Unterscheidung zwischen Chapter und Charter!

Charter West Side: Name der Hells-Angels-Gruppierung in Bremen.

Clubhaus: Jedes Charter, bis auf die Nomads (siehe »Nomads«), muss ein Clubhaus besitzen, in dem Sitzungen, Treffen und Partys durchgeführt werden können.

Colour: Darunter versteht man das Wappen eines Clubs, das auf dem Rücken der Kutte getragen wird. Das Colour ist in der Regel dreiteilig und besteht aus dem Namen des Clubs (»Top Rocker«), dem Bild oder Wappen in der Mitte (»Centercrest«) und dem Herkunftsort (»Bottom Rocker«) sowie natürlich dem Zusatz »MC«. Ein Rocker verliert nie sein Colour, und wem es – aus welchen Gründen auch immer – entwendet wird, dürfte das als Kriegserklärung auffassen. Also: Finger weg!

Deathhead: Der Mittelteil (Centercrest) des Hells-Angels-Colours zeigt einen Totenkopf mit Flügelhelm.

Dequiallo: Dieser Aufnäher der Hells Angels zeichnet den Träger dafür aus, dass er sich schon einmal in Gegenwart von Zeugen mit einem Polizeibeamten geprügelt hat, und ist im Grunde ein gut erkennbares Zeichen für Menschen, die Probleme nicht ausdiskutieren.

DFFL: Abkürzung aus dem Rockermilieu für »Dope forever, forever loaded«.

Expect No Mercy: Aufnäher der Bandidos, der zum Ausdruck bringen soll, dass der Träger dieses Patches bereits getötet oder einen Gegner ernsthaft verletzt hat (siehe »Filthy Few«).

Euro-Run: Jährliches Europa-Treffen der Hells Angels, in dem sich die Mitglieder aller europäischen Charter auf ein Wochenende zu einer Party zusammenfinden. Die Treffen finden Jahr für Jahr an unterschiedlichen Orten in unterschiedlichen Ländern statt.

Farben: siehe »Colour«

Fat Mexican: Der Mittelteil des Bandidos-Colours wird »dicker Mexikaner« genannt.

Filthy Few: Der Aufnäher wird auf der Frontseite der Hells-Angels-Kutte getragen, und zwar nur von den »Schmutzigen Auserwählten«. Nach offiziellen Clubangaben sind die Filthy Few diejenigen, die als Erste auf Partys erscheinen und als Letzte wieder gehen. Das ist die jugendfreie Erklärung. In Wahrheit jedoch darf dieses Patsch nur tragen, wer schon einmal für den Club getötet hat (siehe auch »Expect No Mercy«).

Fullcolour: Vollmitglied (siehe »Member«)

Fullmember: Vollmitglied (siehe »Member«)

GBNF: Abkürzung für »Gone, But Not Forgotten« – als Erinnerung für verstorbene Mitglieder.

Gesetz des Schweigens: In der organisierten Kriminalität nennt man dieses »Gesetz« auch Omertà. Es besagt, dass Mitglieder die Pflicht haben, Außenstehenden gegenüber zu schweigen. Weder Behörden noch Unbeteiligten wird über interne Angelegenheiten berichtet. Was in der Organisation passiert, bleibt im inneren Zirkel und darf nie nach außen dringen. Dieses Gesetz gilt auch bei den Hells Angels. Wer dagegen verstößt, muss mit schlimmsten Konsequenzen rechnen.

Gremium MC: gehört zu den vier OMCGs (Hells Angels, Bandidos, Gremium und Outlaws) und hat in Deutschland die größte Mitgliederzahl. Der Club hat als Wappen das Eiserne Kreuz und verwendet auf seiner Internetseite ungestraft die Parole von Adolf Hitlers Waffen-SS: »Unsere Ehre heißt Treue.«

HAMC: Abkürzung für Hells Angels Motorcycle Club (siehe »Hells Angels«).

Hangaround: Männer – auch »Hanger« oder »Hänger« genannt –, die als Anwärter auf eine Mitgliedschaft bei einem Club »herumhängen«. Im Grunde bedeutet dieser Status so viel wie ein gegenseitiges Beschnuppern. Der Hänger schaut sich den Club an, und der Club prüft, ob er den Hangaround zum Anwärter (siehe »Prospect«) macht.

Heino B.: War »Präsident« der Bandidos in Bremen und mehrfach Opfer von brutalen Rockerüberfällen. Mindestens einer davon wurde von den Hells Angels begangen… Heino B. wurde im Juni 2008 vor dem Landgericht Münster zu einer lebenslangen Haftstrafe wegen Mordes an dem Bremer Hells-Angels-Member Robert K. verurteilt. Heino B. und sein Komplize haben die Tat vor Gericht weder gestanden noch geleugnet.

Hells Angels: Der HAMC wurde 1948 in Fontana/Kalifornien gegründet und versteht sich selbst als Motorrad- und Rockerclub. Der MC agiert heute in 32 Ländern und wird national in verschiedene lokale Orts- oder Regionalgruppen – Chartern – unterteilt. In fast allen Ländern wird er mit Straftaten im Zusammenhang mit Prostitution/Zuhälterei, Drogen- und Waffenhandel in Verbindung gebracht und steht immer wieder im Fokus von Ermittlungen, Verboten und Auflösungen. 1969 gerieten die Hells Angels weltweit in die Schlagzeilen, weil sie bei einem Konzert der Rolling Stones in Nordkalifornien als Ordner engagiert waren und ein Konzertbesucher, der mutmaßlich unter Drogeneinfluss stand und angeblich eine Waffe gegen die Band auf der Bühne gerichtet hatte, von einem HA-Member mit einem Messer erstochen wurde. In Europa wurden die Hells Angels im Jahr 1970 sesshaft – zunächst in der Schweiz und ab 1973 dann auch in Deutschland (Hamburg). In der Bundesrepublik kam es 1999 zu dem Übertritt (»Patch-Over«) des bis dahin bedeutendsten deutschen Motorradclubs »Bornes« zu den Hells Angels, heute gibt es in Deutschland 41 Charter. Nach größeren Auseinandersetzungen mit den »Bandidos« in Bremen kam es am 23. Mai 2007 offiziell im Münsterland zum ersten Rockermord zwischen den beiden verfeindeten Clubs (siehe »Heino B.«). Im März 2010 wurde ein SEK-Polizist in Rheinland-Pfalz von einem Hells Angel durch die geschlossene Wohnungstür erschossen und im April 2010 das Charter Flensburg vom schleswig-holsteinischen Innenministerium verboten. Und im Mai 2010 schließlich wurde in Hannover ein sogenannter Nichtangriffspakt zwischen den Hells Angels und den Bandidos öffentlichkeitswirksam unterzeichnet.

Und nebenbei: Das zu erwartende Apostroph bei Hells fehlt nicht etwa, weil die Gründungsengel die englische Sprache nicht beherrscht hatten. Der Club verwendet die Hölle vielmehr im Plural, da von mehreren Höllen ausgegangen wird.

Kutte: eine ärmellose Weste aus Leder oder Jeansstoff, die von Bikern mit den Colours ihrer Clubs versehen werden. Sie ist teilweise wichtiger als das Motorrad selbst und wird nicht aus der Hand gegeben (siehe »Colour«). Die Hells Angels verwenden den Begriff Kutte jedoch eher nicht und bezeichnen die Textilie gemeinhin als Colour.

Left: steht für den gütlichen Ausstieg bei den Hells Angels. Der Begriff wird den Aussteigern mit dem Austrittsdatum auf die rechte Hand tätowiert und erlaubt dem Ex-Member, seine Club-Tattoos weiter zu tragen. Alles andere – Patch, Gürtelschnallen etc. – muss er wieder abgeben. Ganz anders sieht es aus, wenn ein Mitglied bei den Hells Angels rausgeschmissen wird (siehe »Out«).

MC: Abkürzung für Motorcycle Club, wird in den meisten Fällen an den Namen des Clubs hinten angehängt.

Kapitel 18

Member: das vollwertige Mitglied eines Clubs. Auch »Fullmember« oder »Fullcolour« genannt, da diese Mitglieder das vollständige Patch auf dem Rücken tragen dürfen.

Nomads: Das sind Hells Angels, die wie Nomaden herumziehen, also keinem lokalen Charter angehören.

Offizier: Die mit Führungsaufgaben ausgestatteten Mitglieder eines Clubs werden Offiziere genannt.

Ol' Lady: die Frau oder Freundin eines Members.

OMCG: In der Bundesrepublik werden insgesamt vier Motorradclubs den Outlaw Motorcycle Gangs (OMCG) zugerechnet: Hells Angels, Bandidos, Gremium MC und Outlaws. Es sind also Clubs, die sich – wie der Name schon sagt – außerhalb der Gesetze bewegen. Nach Angaben von Interpol gehören die OMCGs zu den gefährlichsten Organisationen, die weltweit am schnellsten wachsen.

Original 81: Produktlabel der Hells Angels, unter dem vorwiegend Bier, Hochprozentiges und Zigaretten verkauft wird.

Out: kein schönes Wort. Wer bei den Hells Angels mit dem Zusatz »Out« ausgeschlossen wird, hat sich in der Regel etwas zuschulden kommen lassen und muss nicht nur seine Hells-Angels-Sachen abgeben, sondern sich auch die Club-Tattoos entfernen lassen – wenn das nicht der MC persönlich macht, in dem einfach schwarze Balken oder Flecken übergestochen werden. Aber es geht ja auch noch schlimmer...

Out in bad standing: die schlechteste Art, die Hells Angels zu verlassen. Wer ein »Bad Standing« hat, muss damit rechnen, zum Opfer von Racheakten zu werden. Das Verdikt wird vornehmlich gegen Exmitglieder verhängt, die als Verräter angesehen werden – also das »Gesetz des Schweigens« gebrochen und bei der Polizei oder der Staatsanwaltschaft gegen ihre »Brüder« ausgesagt haben.

Dass bei diesem Akt die Tattoos entfernt werden (müssen), versteht sich von selbst. Der so Ausgeschlossene muss aber auch damit rechnen, fortan als vogelfrei betrachtet zu werden. Oder – wie in meinem Fall – mit einem Kopfgeld versehen, für den Rest seiner Zeit um sein Leben fürchten zu müssen.

Patch: englische Bezeichnung für Aufnäher, steht für das Colour eines Clubs. Patch-Over: Wechselt ein Club zu einem anderen über, werden naturgemäß auch die Colours getauscht. Diese Zeremonie umfasst selbstverständlich eine wilde Party und wird Patch-Over genannt.

Pony Express: Es gibt Mitteilungen oder Nachrichten, die man am besten nicht über die modernen Kommunikationswege wie Telefon oder Internet laufen lässt, weil der Staat in der Regel mithört und auch mitliest. In solchen Fällen werden Mitglieder wie Boten – als Pony Express – von Charter zu Charter geschickt, um geheime Botschaften ungestört weiterzureichen.

Präsident: auch Präsi genannt, ist der oberste Mann eines Charters (oder Chapters).

Probationary: aus dem Englischen Probation (Bewährung) ist der Probationary ein Mitglied auf Probe (siehe Prospect).

Prospect: ein angehendes Mitglied eines Motorradclubs, das in dieser Zeit nur einzelne Teile des Colours auf dem Rücken tragen darf. Die Bewährungszeit kann nur wenige Wochen oder Monate, aber auch mehrere Jahre betragen.

Rally: größeres Motorradtreffen, auch Run genannt (siehe »Run«).

Red Devils: Auch die »Roten Teufel« sind ein Supporter-Club oder in manchen Fällen auch Nachwuchskader für die Hells Angels.

Road Captain: Dieses Mitglied ist innerhalb eines Clubs für die Planung von Ausfahrten verantwortlich. Im Zivilleben würde man von einem Tour-Guide oder Reiseführer sprechen.

Rot-Weiß: andere Bezeichnung für die Hells Angels, basierend auf den Farben des Motorradclubs.

Run: das gemeinsame Anfahren eines Motorradtreffens. In manchen Fällen wird auch das Treffen selbst als Run (siehe »Rally«) bezeichnet.

Secretary: Der Sekretär regelt den Schriftverkehr innerhalb eines Clubs – kann also schreiben! Er macht die Buchführung und protokolliert die Clubsitzungen. In weniger auffälligen Gemeinschaften nennt man so etwas auch Schriftführer.

Sergeant at Arms: Der Sergeant at Arms (Arms kommt aus dem Englischen und bedeutet Waffen) bei den Hells Angels – in anderen Clubs spricht man auch vom Security Chief oder »Bestrafer« – ist so etwas wie Kriegs- und Innenminister in Personalunion. Er kümmert sich um die adäquate Bewaffnung seines Clubs, die Sicherheit nach außen und nach innen – also die Einhaltung der Clubregeln und der inneren Disziplin. Wenn es nötig ist, spricht der Sergeant dann auch die Strafen aus und kümmert sich um deren »Vollstreckung«.

Supporter: Ein Supporter ist ein Sympathisant oder Unterstützer eines Motorradclubs. Er gehört nicht dazu, bekundet aber durch entsprechende Shirts und Aufnäher seine Nähe zu dem betreffenden MC.

Support-Club: Ein paar größere MCs leisten sich sogenannte Support-, also Unterstützerclubs. Bei Gremium MC heißen die Support-Clubs »Bad Seven MC« (siehe auch »7«). Die Unterstützer des Outlaw MC nennen sich »Black Pistons MC«, und bei den Bandidos werden spanische Namen verwendet sowie die umgekehrten Bandidos-Farben »Red & Gold«. Der Support-Club der Hells Angels nennt sich »Red Devils« und behauptet von sich, der größte Unterstützerclub der Welt zu sein (siehe »Red Devils«).

Suspended: Suspendiert kann man bei den Hells Angels und anderen Clubs auf unbestimmte Zeit werden, wenn man in irgendeiner Form gegen den Kodex verstoßen hat. Das Colour muss der Suspendierte daraufhin abgeben, er zählt aber weiter als Member. Nach der Suspendierung kann es im schlimmsten Fall »Out« heißen – und dann ist man draußen.

Treasury: Das ist der Schatzmeister oder auch Kassenwart eines Motorradclubs.

Trust: Bei dem Trust handelt es sich um das Konto eines jeweiligen Hells-Angels-Charters. In den Trust zahlen Prospects und Mitglieder ihre Mitgliedsbeiträge, die je nach Charter mehrere Hundert Euro pro Monat betragen können – die Einnahmen aus den sogenannten Nebengeschäften dürften naturgemäß anderweitig verbucht werden.

Vize-Präsident: Oder der Vice-President ist in einem Club der Stellvertreter des Präsidenten.

World Rules: Maßlos überschätztes Regelwerk der Hells Angels, das in jedem Charter angeblich in nur einem Exemplar existiert. Die Regeln werden einem neuen Mitglied vorgelesen und müssen unbedingt eingehalten werden. Oder, so gut es eben geht...

World Run: Das jährliche Welttreffen der Hells Angels ist das größte seiner Art und findet in einem Land statt, in dem der Club auch vertreten ist. Der World-Run gilt als absolutes Jahres-Highlight im Leben eines Mitglieds.

19. Bilder und Dokumente

Quelle: *Weser-Kurier*, Bremen

Das Symbol der Macht: Der Totenkopf (Deathhead) mit Flügelhelm prägt den Mittelteil des Hells-Angels-Colours. Der so genannte Bottomrocker gibt Auskunft über den Herkunftsort des Charters.

Quelle: *Weser-Kurier*, Bremen

Der Tatort Taco-Hütte: Das Bandidos-Vereinsheim in Stuhr bei Bremen war Schauplatz eines brutalen Überfalls der Hells Angels im März 2006. Das Bandidos-Chapter Bremen wurde daraufhin aufgelöst. Im folgenden Prozess wurde Tom P. zum Kronzeugen und brachte mit seiner Aussage 13 »Brüder« vor Gericht. Das Verfahren gegen Täter Nummer 14, der monatelang auf der Flucht war, ist im Oktober 2010 anhängig.

Kapitel 19

Quelle: *Weser-Kurier*, Bremen

Die Todgeweihten: Auch wenn der Text auf der Schleife ewiges Leben verspricht – erstaunlich viele Mitglieder großer Motorradclubs verlieren ihr Leben bei fragwürdigen »Unfällen«, die mutmaßlich keine waren. Hier der Grabschmuck eines Bremer Hells Angels.

BILDER UND DOKUMENTE

Quelle: *Weser-Kurier*, Bremen

Der Angels Place: Das Vereinsheim der Bremer Hells Angels ist in einem herrschaftlichen Gebäude untergebracht. Das Charter West Side repräsentiert auch nach außen hin Stärke und Macht.

Kapitel 19 191

Quelle: *Weser-Kurier*, Bremen

Der Rockermord: Der Bremer Hells Angel Robert K. wurde im Mai 2007 in Ibbenbüren von einem Bandido ermordet. Die Tat gilt als Racheakt für den Überfall von Rot-Weiß auf das Bandido-Clubheim in Stuhr.

Quelle: *Weser-Kurier*, Bremen

Die Trauergemeinde: Hunderte Hells Angels kamen im Mai 2007 zur Beisetzung ihres »Bruders« Robert K. ins münsterländische Ibbenbüren. Als Mörder wurde später der Bandido Heino B. zu einer lebenslänglichen Haftstrafe verurteilt.

Kapitel 19

Die Sicherstellung: Nach der Festnahme des Tom P. wird genau protokolliert, was bei dem Beschuldigten gefunden wird.

8. Observationsverlauf:

Uhrzeit	Feststellung(-en)	Bemerkung(-en)
11.45 Uhr	Beginn der Observation an der Waller Heerstraße 155 in Bremen (ZO)	
ca. 12.50 Uhr	Eine weibliche Person verläßt das ZO, begibt sich in die Lauenburger Straße, besteigt einen roten VW Golf Kombi, HB ▓▓▓ und entfernt sich in Rtg. Innenstadt.	Beschreibung: ca. ▓▓ m groß, schlank ▓▓▓▓lange Haare bekleidet mit schwarzer Stepweste, Bluejeans und Stiefel
ca. 13.22 Uhr	Die weibliche Person von 12.50 Uhr wird als die Lebensgefährtin, Melanie W▓▓▓ P.b., identifiziert. Sie kehrt gemeinsam mit einem ca. sechsjährigen Kind zurück und betritt das ZO.	
ca. 14.35 Uhr	Melanie W▓▓ und Thomas P▓▓ verlassen die Waller Heerstraße 155 und begeben sich in die Lauenburger Straße, wo Frau W▓▓ den VW Golf, HB – ▓▓, besteigt. Der P▓▓ setzt sich in das ZF, Ford Scorpio, HB – ▓▓ und fährt auf der Lauenburger Straße in Rtg. Waller Ring. An der Einmündung zum Waller Ring wird dieses Fahrzeug angehalten und der P▓▓	
gg. 14.42 Uhr	In dem Fahrzeug sitzend widerstandslos verhaftet.	Bei der Festnahme wird die Seitenscheibe der Fahrertür zerstört.
ca. 15.00 Uhr	Übergabe des Verhafteten an die Sachbearbeitung. Der Ford Scorpio wird von der Sachbearbeitung an Frau W▓▓ übergeben.	
15.05 Uhr	Ende der Observation	
	B▓▓▓ KHK	

MEK IV, 15.04.08

Die Verhaftung: Die Überwachung und Festnahme von Tom P. ist lückenlos in einem Observationsbericht festgehalten.

Kapitel 19

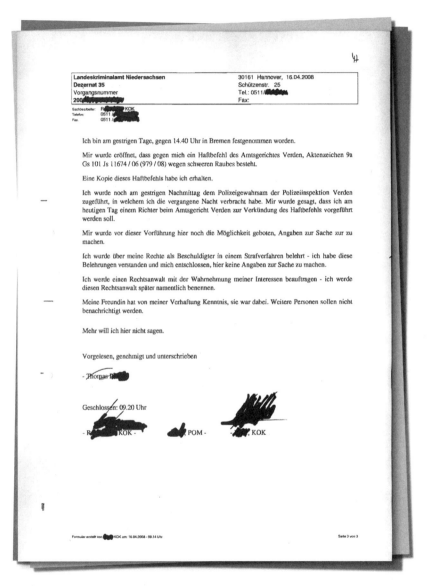

Das Schweigen: Nach der Verhaftung durch das Landeskriminalamt Niedersachsen macht Tom P. zunächst keine weiteren Angaben.

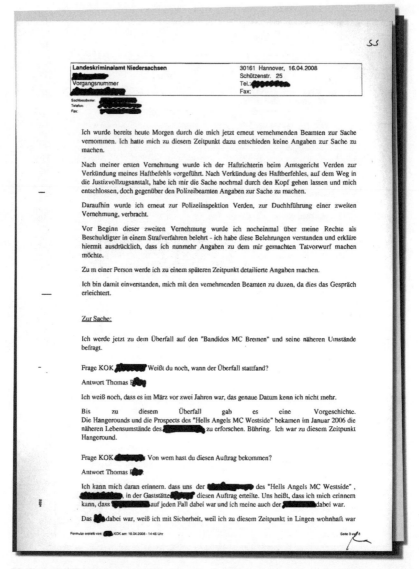

Die Aussage (1): Wenig später ist Tom P. zu einer Aussage bereit. Er wird zum Kronzeugen und macht sich somit die Hells Angels weltweit zum Feind. Auf ihn wird in der Folgezeit ein Kopfgeld in Höhe von 500.000 Euro ausgesetzt.

Kapitel 19

200600382353-001   Seite 4

54

und ███ ein Haus in ███ gemietet hatte und ich mich bei ihm für diese Zeit dort aufgehalten habe.

Wir haben den ███ über mehrere Wochen observiert - eigentlich haben wir ihn von Morgens, von seiner Haustür zu seiner Arbeit und dann tagsüber beobachtet. Abends haben wir ihn dann wieder bis noch Hause begleitet, sofern wir ihn nicht bei der Verfolgung verloren hatten.

Frage KOK ███: Wie war denn über Auftrag? Solltet ihr ihn nur beobachten oder mehr machen, ihn umhauen?

Antwort Thomas R███:

Wir sollten ihn bei einer günstigen Gelegenheit auch umhauen, damit meine ich ihn zusammenschlagen. Da mir aber kein richtiger Grund dafür klar war und sich tatsächlich auch keine Gelegenheit ergab, haben wir ihn nur beobachtet.

Wir mussten ███ immer regelmässig Raport erstatten und er hat uns immer angemacht, warum noch nichts passiert sei.

Frage KOK ███: Wie ging es dann weiter?

Antwort Thomas R███: I
ch bekam im März 2006 einen Anruf von ███, in dem er mir sagte, dass eine Aktion bevorstehen würde, an der auch Member teilnehmen würden.

Eigentlich war ich sauer über diesen Anruf, denn ich hatte zuvor, durch diese Observation, mein Familienleben vernachlässigt. Als ich aber hörte, das Member daran teilnehmen, war mir klar, dass ich mit musste.

███ sagte bei diesem Anruf noch, dass ich in "voller Montur", dass heißt in alten Klamotten erscheinen sollte. Ich hatte dann schwarze Klamotten an und keine Waffe dabei.

Frage KOK ███: Wann war dann das Treffen?

Antwort Thomas R███:

Einen Tag nach dem Anruf von ███ habe ich mich mit diesem bei ihm zu Hause getroffen. ███ kamm dann auch noch zu ███.

Es war gegen Mittag.

Ich habe bei ███ mein Handy gelassen und gemeinsam fuhren wir dann zu dritt in m inem Wagen, Opel Calibra, Farbe weiß, zu dem Rohbau des Hauses von ███ in ███, ich glaube in der ███ Straße.

Frage KOK ███: Wer hat sich dort alles getroffen?

Einige Member waren bereits dort. Ich kann mich erinnern, dass sich in dem Haus getroffen haben: ███, ███, ███ (Nachnamen weiß ich nicht), der ███ (Nachnamen weiß ich nicht), ███ (Nachnamen weiß ich nicht, der wohnt direkt ███ und ist ███, ███ als Hauseigentümer des Treffpunktes, ███, ███ (Nachnamen weiß ich nicht), ███ (an den kann ich mich gut erinnern, da er später unter der Sturmhaube eine ███ trug), ███ (Nachnamen weiß ich nicht), eventuell noch ███ (ich kann mich nicht genau erinnern; ob er in Delmenhorst schon da war - auf jeden Fall war er nachher in der Werkstatt) und natürlich meine Wenigkeit.

Formular erstellt von: ███ KOK am: 16.04.2008 - 14:46 Uhr

200600382353-001   Seite 5

Bei ▓▓ bin ich mir aber nicht 100 % sicher, ob er dabei war - es waren aber alle aus dem Bremer-Umland dabei und ▓▓ kommt aus der Bremer Umgebung.

Wir sind von dort aus mit einem geschlossen weißen Lieferwagen, in welchem wir hinten auf der Ladefläche sassen, losgefahren. Ich bin der Meinung, dass ▓▓ gefahren ist, weil er nicht mit hinten auf der Ladefläche sass, aber später definitiv am Tatort war.

Frage KOK ▓▓: Hat es zu diesem Zeitpunkt eine Ansage gegeben, was passieren sollte?

Antwort Thomas P▓▓:

Nein. Ich wusste nicht worum und wohin es geht. Ich konnte mir nur denken, dass es irgendwas mit den "Tackos" (Anmerkung: Bezeichnung der "Hells Angels" für "Bandidos") zu tun hatte.

Frage KOK ▓▓: Wann und von wem hat es die Sturmhauben gegeben?

Antwort Thomas P▓▓:

Die Sturmhauben gab es bei ▓▓ im Haus - wer sie mitgebracht hatte weiß ich nicht.

Wir sind also mit diesem weißen Lieferwagen losgefahren und während der Fahrt konnte ich und die anderen, die hinten mit mir auf der Ladefläche sassen, nicht sehen, wohin es ging. Das Fahrzeug hatte zwar Scheiben, aber die waren zum rausgucken zu hoch.

Unterbrechung der Vernehmug von 12.10 Uhr bis 12.15 für eine Zigarettenpause.

Thomas P▓▓ erzählt weiter:

Am eigentlichen Tatort angekommen, wurde der weiße Lieferwagen in dem wir sassen, rückwärts in eine dort befindliche Werkstatt eingeparkt. Beim Verlassen des Lieferwagens stellte ich noch einen schwarzen Mercedes-Vito fest, welcher bereits in de Garage stand.

Da ▓▓ ▓▓ und ▓▓ ▓▓ beim Treffen in Delmenhorst nicht dabei waren, dann aber in der Werkstatt waren, schliesse ich daraus, dass sie mit diesem Fahrzeug dorthin gekommen waren.

Das hintere Kennzeichen des schwarzen Mercedes war ordentlich mit hellbraunen Paketpapier abgeklebt worden.

Irgendjemand im Wagen hatte auch schon kurz vor dem Einfahren in die Werkstatt gesagt, jetzt gehts los und dann haben wir uns mit Sturmhauben vermummt. Ich habe ab diesem Zeitpunkt auch nichts mehr gesagt / gesprochen.

Frage KOK ▓▓: Ab wann wusstest du denn, dass es gegen die "Tackos" ging?

Antwort Thomas P▓▓:

Als wir aus dem Auto ausstiegen fuhr der weiße Wagen wieder weg und das Tor der Werkstatt wurde zunächst hinter uns geschlossen. Dann verging einige Zeit und ich habe mich in der Werkstatt erstmal umgesehen und mir einen Überblick verschafft. Dabei stellte ich zunächst einen Videorecorder und einen Monitor fest. ▓▓ teilte mir mit, als er diese mitbekam, dass ich mir keine Sorgen machen brauche, da er schon alles geregelt habe.

In der Folgezeit hatte ich die Gelegenheit durch einen Schlitz im Schiebetor der Werkstat nach draußen zu schauen und konnte hierbei den Schriftzug "Badidos MC" lesen. Zuvor hatten aber schon einige gesagt, dass wir auf "Tackos" warten.

In der Werkstat lief auch noch ein "Zivilist" rum, heute weiß ich, dass er ▓▓ ▓▓ heißt.

Die Aussage (3)

Kapitel 19

200600382353-001 Seite 6

Damals wusste ich nur, dass er etwas mit der Werkstatt zu tun hatte. Dieser ▓▓ konnte sich während der gesamten Aktion frei in seiner Werkstatt bewegen und hat sich mit ▓▓ unterhalten. Ich bin der Meinung, dass ▓▓ ▓▓ bereits vorher über den Geschehnisablauf informiert war. Er sollte nach Abschluss unserer Aktion in einem Nebenraum gefesselt eingeschlossen werden. Diese Fesselung sollte er selbst lösen können und er wurde angewiesen, sich erst nach einer gewissen Zeit zu befreien. Wir wollten eine halbe Stunde Vorsprung gewinnen.

Zu ▓▓ ▓▓ fällt mir noch folgende Besonderheit ein, nämlich dass er durch einen Schlitz im Werkstattor nach draußen geschaut und den ersten ankommenden "Tacko" identifiziert hat, den wir nicht als "Tacko" erkannt hätten, da er uns unbekannt war.

Ich stand dann auf einer Leiter, als einer von uns mich mit meinem Namen ansprach, ich sollte herunterkommen, da es nun losgehen würde. Ich habe mich noch sehr darüber geärgert, dass er mich einer von uns mit meinem Namen angesprochen hatte.

▓▓ hatte vorher schon festgelegt, wo die Leute abzulegen sein und ich hatte ihm ein Funkgerät gegeben. Ich hatte zwei Funkgeräte besorgt. Das zweite hatte meines Erachtens nach ▓▓ welcher offensichtlich mit dem weißen Transporter, mit dem wir gekommen waren, an der Zufahrt zu dem Werkstattgrundstück stand und von dort meldetet, wenn sich Personen näherten.

Ich habe mich dann sofort zum Tor bewegt und da kam dann die Ansage von ▓▓ an ▓▓ und ▓▓ dass er (▓▓) nun mal was sehen wollte und diese beiden ordentlich hinlangen sollten. Er hat sie zwar nicht namentlich angesprochen, stand aber direkt neben ihnen und jeder wusste, wer mit ▓▓ Äußerung gemeint war.

Frage KOK ▓▓: Kam von ▓▓ die Ansage, inweit oder wie stark zuzuschlagen sei?

Antwort Thomas P▓▓

Es wurde nicht gesagt, dass jemand totgeschlagen werden sollte; im Gegenzug wurde aber auch nicht gesagt, dass keiner totgeschlagen werden sollte. ich würde es mal so ausdrücken, wenn einer liegen geblieben wäre, wäre es für denjenigen echt Pech gewesen.

Unterbrechung der Vernehmung von 13.15 Uhr bis 13.25 für eine Zigarettenpause.

Um mit den Angriffen fortzufahren, kann ich sagen, dass wir, immer wenn einer kam und an dem Tor der Werkstatt vorbei war, herausstürmten und sofort auf die Person einschlugen. Hierzu benutzen wir Axtstiele die wir schon irgendwann vorher, ich meine schon in Delmenhorst, erhalten hatten. Es hatten aber ncihl alle Axtstiele, da einige ja auch die Personen zu Boden brinden mussten.

Die einzelnen Tatbeiträge kann ich keiner bestimmten Person zuordnen, da wir alle gemeinschaftlich zuschlugen. Als einzige Besonderheit muss ich anmerken, dass ▓▓ ▓▓ als alle "Bandidos" schon gefesselt haben, diese noch mit einem Messer gedroht hat bzw. bei einigen auch die Haut im Hals- / Ohrenbereich anritzte.

Die Person wurden gefesselt und auf jeden Fall wurden ihnen die Augen mit Tape verklebt.

Die Personen wurden auch weiter geschlagen und getreten, als sie bereits gefesselt in der Halle am Boden lagen.

Frage KOK ▓▓: Haben ▓▓ und ▓▓ denn dann tatsächlich "besonders Gas" gegeben?

Antwort Thomas P▓▓ Oh ja, die haben besonders Gas gegeben.

Die Aussage (4)

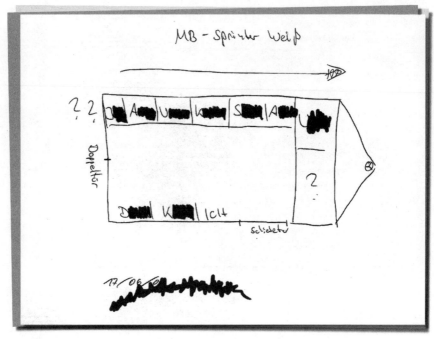

Die Skizze: Auf einem Blatt Papier erstellt Tom P. für die Ermittlungsbehörden eine Zeichnung, die darstellen soll, wer bei dem Überfall auf die Bandidos in Stuhr in dem Mercedes Sprinter mit zu dem Tatort gefahren ist. Das spätere Mordopfer Robert K. war bei dieser Aktion mit Sicherheit nicht dabei.

DIE DUNKLEN SEITEN DER HELLS ANGELS

Spiegel-Bestseller

384 Seiten
Preis: 19,90 € (D) | 20,50 € (A) | sFr. 33,50
ISBN 978-3-86883-026-2

Jay Dobyns
Nils Johnson-Shelton
Falscher Engel
Mein Höllentrip als Undercover-Agent bei den Hells Angels

Der Geheimagent Jay Dobyns schaffte es, sich als Biker, Waffennarr und kaltblütiger Geldeintreiber auszugeben und so das Vertrauen der Hells Angels zu gewinnen. In seinem Buch, das auch in Deutschland längst zum Bestseller geworden ist, schildert er das Abenteuer seiner fast zwei Jahre dauernden verdeckten Ermittlung bei den Hells Angels, die ihn fast seine Familie, seine Gesundheit und sein Leben gekostet hätte.

»Er war der Wolf im Schafspelz der Polizei«

Berliner Morgenpost

»Ein interessantes Buch!«
Günther Jauch

»Dass Schubert regelmäßig mit Blutergüssen oder Schürfwunden beim Dienst erschien, zuweilen Knochenbrüche hatte und sein Name über die Jahre in einem halben Dutzend Straf- oder Ermittlungsverfahren gefallen war, wurde von seiner Dienststelle nicht wahrgenommen.«
Die Welt

300 Seiten
Preis: 19,90 € (D) | 20,50 € (A) | sFr. 33,50
ISBN 978-3-86883-064-4

Stefan Schubert
Gewalt ist eine Lösung
Morgens Polizist, abends Hooligan – mein geheimes Doppelleben

Stefan Schubert führte acht Jahre lang ein unglaubliches Doppelleben: als Polizist und Fußball-Hooligan. Von Montag bis Freitag sorgte er auf Deutschlands Straßen für Recht und Ordnung, an den Wochenenden überzog er sie mit Gewalt. Jahrelang konnte er seine brutale Freizeitaktivität geheim halten, bis ihm eine Massenschlägerei zum Verhängnis wurde. Hart und ehrlich berichtet Stefan Schubert vom süchtig machenden Rausch der Gewalt und deckt das Versagen der Polizei auf, die ihn unbehelligt ließ, obwohl sie von seinem blutigen Hobby wusste.

DER ERFOLGREICHSTE TRUE-CRIME-BESTSELLER ALLER ZEITEN

»Eine der besten Geschichten aller Zeiten.«
Chicago Sun

»Ein historisches Dokument von selten hoher Dramatik.«
The New Republic

784 Seiten
Preis: 24,90 € (D) | 25,60 € (A) | sFr. 41,90
ISBN 978-3-86883-057-6

Vincent Bugliosi
Helter Skelter
Der Mordrausch des Charles Manson.
Eine Chronik des Grauens

Im Sommer 1969 erschüttert eine Reihe bestialischer Morde die USA. Sharon Tate, die schwangere Ehefrau von Roman Polanski, ist eines der sieben Opfer. Vincent Bugliosi war leitender Staatsanwalt in diesem spektakulären Fall. In seinem meisterhaft geschriebenen Buch berichtet er, wie es ihm in minutiöser Detektivarbeit gelang, Charles Manson und seine Hippie-Kommune für das Massaker hinter Gitter zu bringen. Die akribischen Ermittlungen, der komplexe Prozess, die kranke Weltanschauung, die Manson seinen Anhängern einflößte ... All dies macht diesen atemberaubend spannenden Weltbestseller aus.

DER ENTHÜLLUNGSBESTSELLER ÜBER DIE NEW YORKER MAFIA

272 Seiten
Preis: 19,90 € (D) | 20,50 € (A) | sFr. 33,50
ISBN 978-3-86883-018-7

Joaquin »Jack« Garcia
Ich war Jack Falcone
Wie ich als FBI-Geheimagent einen Mafiaclan zerschlug

Ein Gesetzeshüter schleust sich unter falscher Identität in den innersten Kreis der New Yorker Mafia ein und spielt seine Gangsterrolle so gut, dass ihm nach zwei Jahren die Mitgliedschaft in der Cosa Nostra angeboten wird – dieser unglaubliche Coup gelang dem FBI-Geheimagenten Joaquin Garcia. Sein Erlebnisbericht über die New Yorker Unterwelt ist so spannend wie ein Thriller – aber wahr!

Wenn Sie **Interesse** an **unseren Büchern** haben,

z. B. als Geschenk für Ihre Kundenbindungsprojekte, fordern Sie unsere attraktiven Sonderkonditionen an.

Weitere Informationen erhalten Sie bei Nikolaus Kuplent unter +49 89 651285-276

oder schreiben Sie uns per E-Mail an:
nkuplent@rivaverlag.de